U0936381

珍藏本
纪念版

汉译世界学术名著丛书

政治学

谁得到什么？何时和如何得到？

〔美〕哈罗德·D.拉斯韦尔 著

杨昌裕 译

2017年·北京

Harold D. Lasswell
POLITICS
Who Gets What, When, How
Published by Whittlesey House
A division of the McGraw-Hill Book Company, Inc.
根据麦克劳-希尔图书公司惠特尔西分公司1936年版本译出

汉译世界学术名著丛书
（120年纪念版·珍藏本）
出 版 说 明

2017年2月11日，商务印书馆迎来120岁的生日。120年前，商务印书馆前贤怀揣文化救国的理想，抱持“昌明教育，开启民智”的使命，立足本土，放眼寰宇，以出版为津梁，沟通中西，为中国、为世界提供最富智慧的思想文化成果。无论世事白云苍狗，潮流左右激荡，甚至战火硝烟弥漫，始终践行学术报国之志，无改初心。

逐译世界各国学术名著，即其一端。早在20世纪初年便出版《原富》《天演论》等影响至今的代表性著作，1950年代后更致力于外国哲学和社会科学经典的译介，及至1980年代，辑为“汉译世界学术名著丛书”，汇涓为流，蔚为大观。丛书自1981年开始出版，历时三十余年，迄今已推出七百种，是我国现代出版史上规模最大、最为重要的学术翻译工程。

丛书所选之书，立场观点不囿于一派，学科领域不限于一门，皆为文明开启以来，各时代、各国家、各民族的思想与文化精粹，代表着人类已经到达过的精神境界。丛书系统译介世界学术经典，引领时代思想，为本土原创学术的发展提供丰富的文化滋养，为推动中国现代学术和现代化进程做出了突出的贡献。

为纪念商务印书馆成立120周年，我们整体推出“汉译世界学术名著丛书”120年纪念版的珍藏本，寄望既利于文化积累，又便于研读查考，同时向长期支持丛书出版的译者、编者和读者致以敬意。

两甲子后的今天，商务印书馆又站在了一个新的历史时间节点上。我们不仅要铭记先辈的身影和足迹，更须让我们的步伐充满新的时代精神。这是商务人代代相传的事业，更是与国家和民族的命运始终紧密相连的事业。我们责无旁贷，必须做好我们这代人的传承与创造，让我们的努力和成果不仅凝聚成民族文化的记忆，还能成为后来人可以接续的事业。唯此，才能不负前贤，无愧来者。

商务印书馆编辑部

2017年10月

出 版 说 明

第二次世界大战前后，行为主义学派在美国政治学界异军突起。它一反美国早期政治学以国家政治制度为研究重点、以历史比较为主要研究方法的传统，把政治现实中可以实际观察的行为，包括个人行为和团体行为作为研究重点，把自然科学以及社会学、心理学、人类学、统计学等社会科学学科的理论和方法引入政治学。在这场政治学研究的变革中，本书作者、美国政治学家、心理学家哈罗德·D. 拉斯韦尔(1902—1978)作出了开创性的贡献，成为行为主义学派的先驱者和重要代表人物之一。

拉斯韦尔于 1926 年在芝加哥大学获哲学博士学位，是芝加哥学派创始人查尔斯·E. 梅里亚姆(Charles E. Merriam)最优秀的学生之一。以后又获得伊利诺斯大学、芝加哥大学、哥伦比亚大学法学博士和宾夕法尼亚大学理学博士等学位。曾任耶鲁大学法学教授(1946)、政治学和法学教授(1952—1971)，斯坦福大学行为科学高级研究中心研究员(1954)，美国科学院院士，美国政治学协会主席，国际法协会主席(1970—1972)，国际政治心理学协会名誉主席(1978)。此外，还担任过许多大学(包括我国燕京大学)的客座教授和许多政府机构的顾问。其主要著作除本书外，还有：《精神病理学与政治学》(*Psychopathology and Politics*，1930)；《世界政治与个人不安全》(*World Politics and Personal Insecurity*, 1935);《世界政治面临经济问题》(*World Politics Faces Economics*, 1946);《政策学与人口》(*Policy Sciences and Population*, 1975)等。

本书写于1936年,既是拉斯韦尔本人的一部早期代表作,也是行为主义学派在这一时期的一部代表性著作。作者在这部著作中提出,政治学是对权势和权势人物的研究。所谓权势人物,就是在可以取得的价值(如尊重、安全和收入)中获取最多的那些人。取得价值最多的人是精英,其余的人是群众。精英驾驭环境,达到自己特定目标的主要手段是运用象征、暴力、物资和实际措施等方法。作者紧密结合历史和现实情况(如第一次世界大战、俄国十月革命、资本主义世界经济危机、法西斯主义的出现、罗斯福新政),详尽探讨了精英是如何运用这些方法去获取和维护自己的特殊利益的。继而又根据各种精英人物在技能、阶级、人格和态度等方面的不同特点,阐述了社会变化尤其是重大政治事件对价值分配状况所产生的影响。作者还试图对政治发展动向作出预测。本书体现了早期行为主义政治学在研究对象、研究目的和研究方法上所具有的种种特点,对该学派的发展产生过重大影响,是政治学说史上的一部重要著作。基于上述考虑,我们组织翻译并出版这部著作。

需要指出的是,拉斯韦尔的学说和马克思主义是格格不入的。作者的理论基础是哲学上的逻辑实证主义。他的方法主要是实证科学的方法,并力图以此取代传统的研究方法,其中包括了马克思主义的阶级分析方法。由于理论与方法的异趣,作者对政治学的解释，对研究对象的规定，乃至于他在诸如群众、阶级、政党和领袖等问题上的观点都与马克思主义有本质的区别。本书还包含一些明显为我们所不能接受的观点，如对马克思主义和俄国十月革命的评价。请读者在阅读时注意分析和鉴别。

1990年2月

目　　录

第四篇　概论

序　言

本书对政治的解释构成政治活动家实际工作态度的基础。政治活动家的技能之一就是对权势及权势人物可能发生的变化进行估计。

这种对政治的看法虽然对所有研究社会发展的学者并不新鲜,但是它却处于不断被冲淡的危险之中。即使在今天,也没有一本简明的英文著作,向学生、教师、学者、公民和政治活动家阐述这种观点,并联系现实情况考察这一观点。

由于对这种基本观点缺少适当的提示,因而带来了某些实际上和理论上的后果。结果是,实践中的政治活动家让自己陷入眼前事务之中,缺乏长远眼光成了预料之中的事情。而那些不为紧迫的与压得令人喘不过气来的必要任务所干扰的系统研究人员常常在一些细微末节的问题上咬文嚼字斤斤计较也就不足为奇了。

当人们已经使用新的手段或在已经变化了的条件下谋求权势时,研究权势的概念也必须有所变化或是有所创新。在迅速发展的时代里,很有必要对智力工作的恰当与否进行重新估价。在我们今天的时代里,差不多每一个人对确定方向的必要性都是确信不疑的。正如卡尔·曼海姆所坚决主张的那样,一个刚刚开始致力于按计划发展的社会是需要一些新的思想风格的。

目前，在苏联以外的世界各地，批判性的不满情绪十分盛行。人们对于在已经修建完好的智力大道上旅行表现得很不情愿，其原因不是对工程质量有所抗议，而是对这条道路的始发点和到达点抱有怀疑态度。大部分关于比较政府、比较法律和比较行政学的文献都致力于研究实际制度的分类，而很少涉及因使用这种方法而受到损害或得到帮助的那些现存的形式。政治分析的火光在充满政治无为主义的文献中变得黯然失色了。

英国、奥地利和美国的经济学对于这种智力气候并不是完全无动于衷的。如果我们相信李嘉图的理论，那么古典经济学就是关于作为权势的主要手段之一的财富之分配的学问。对于在自由竞争条件下财富分配的情况，已经有周密的论述。但是在古典分析中，对于在其他条件下的分配情况却说明得不够。现代发生的事件尖锐地提醒我们，除了讨价还价之外，分配主要依靠神话和暴力（依靠信仰与掠夺）。

本书除了阐述和证明这一观点之外，未作其他更多的努力。这里所讨论的问题和在别的地方所讨论的问题之间的联系，在某种程度上可以从书末的各章参考文献提示中显示出来。专家们在分辨原始材料与大量的派生材料上不会感到无所适从。一切接受这里所提出的参照系统的人士将能分享指导今后智力工作的各种共同标准。

这种分析法的各个不同方面会引出许多实际的连带问题。我的研究结果在许多方面与我的朋友、同事和代表——州参议员 T. V. 史密斯教授的《美国政治前景》一书最后几章是并行不悖的。不论我作为朋友、同事，还是作为选举人，这一点对我来说都是极其令人满意的。

从麦克米伦公司出版的《自传的试验》中引用的一段话得到了H. G. 威尔斯的慨然允许。重印尤金·奥尼尔的《哀悼变为厄勒克特拉》的那些话是经兰道姆公司同意的。

H. D. 拉斯韦尔

1936 年 6 月于伊利诺斯州芝加哥

第一篇

精　英

第一章　精英

政治研究是对权势和权势人物的研究。政治学的任务在于阐明情况，而政治哲学则要为政治选择提供辩护。本书仅限于进行政治分析，阐明情况，而不提出任何选择意见。

权势人物是在可以取得的价值中获取最多的那些人们。可望获取的价值可以分为尊重、收入、安全等类。取得价值最多的人是精英(elite)；其余的人是群众。

在正规的等级制社会中，尊重的分配是比较清楚的。罗马天主教金字塔式等级制度的最高峰由少数官员占据。这些人包括 1 个教皇，55 个红衣主教，22 个使徒代表，256 个名誉主教，245 个大主教和 1,578 个主教。苏联共产党的最高首脑是由 9 人或 10 人组成的政治委员会。而美国较为松散的政府结构，则赋予由 9 人组成的最高法院、由 1 人担任的总统和由几百个人组成的议会以特殊的权势。在美国，虽然每个聪明能干、能说会道的青年男子都知道，有一天他也有可能当上总统，但是在上一代人中只有 8 个男青年达到了这个目标。强有力的美国参议院虽然机构相当庞大，但在每一代人中也只能为 480 个参议员提供席位(假如没有任何人连选连任的话)。尊重这座金字塔，无论在形式上或实际上，都是难于攀登的。

和尊重的分配相比，安全的分配往往不是那样不平均，并且有时显示出一种相反的关系。例如，一项研究表明，在不同国家的不同时期内，有423位君主死于暴力。玻利维亚历任总统中，40%的人在暴力中丧生。这些数字和1921年中美国暴力死亡(包括自杀)人数仅占全部死亡人数的7.2%形成粗略的对比。美国总统和法国总统中有12.1%，天主教教皇有9%死于暴力。就整个人口来说，相对安全的情况，则依时代而各不相同。在十七世纪死亡的法国人中，每一千人中有5人是在战斗中死亡或受伤的，这个数字，在十八世纪中上升为12，在十九世纪上升为13，二十世纪则为14。

在属于西欧文明的各国中，财富和收入的分配很不平均。在百业兴隆和投机活动盛行的1928年，美国的国民收入按人口平均为541美元，是法国或德国人均收入的两倍半(美元价值按1913年的购买力计算)。在第一次世界大战前的1913年，美国的人均收入是368美元。后来一段时期中，美国在各主要国家中显示了最大的绝对增长，但最猛烈的相对增长则要数日本，日本的人均收入从1913年的22美元上升到1925年的53美元。从绝对数字看，英国仅次于美国，1911年为250美元，1928年上升为293美元。俄国从1914年的52美元上升到1928年的96美元，这个数字比法国或德国的相对增长还要大些。意大利则从1914年的108美元下降为1928年的96美元。

国民收入的分配，在某些社会内部存在着非常尖锐的差别。在1918年至1926年间，美国人口中的10%占有了全部国民收入资金的⅓。

上面举出的尊重、安全和收入等几种价值标准都只是代表性的，而不是唯一的、非此不可的价值标准。也可以利用一些其他的组合来进行政治分析，这样，对精英所做的各种比较的结果也就不一样了。如果选择权势人物的不同特点作为重点来进行政治分析，其结果也会出现差异。一种分析方法就是按技能（skill）来进行价值分类。

显然，战斗技能是人们赖以上升的直接途径之一，无论战斗是以上帝、国家的名义，还是以阶级的名义来进行，都是一样。穆斯塔法·凯末尔[①]曾在1911年意土战争中作过战，1915年他曾在加利波利及其他地方指挥过北部的土耳其部队。墨索里尼和希特勒都曾在第一次世界大战中受过战火的洗礼。苏联的几个当权人物都是通过非法暴力而不是合法暴力的途径逐步上升的。约瑟夫·斯大林曾在1901年被当局逮捕过，以后转入地下，在革命运动中工作，也经常处于冒险之中。波兰过去的独裁者毕苏斯基[②]，1888年因与波兰民族运动有牵连而被流放到西伯利亚，1892年参加了社会党，并组织起秘密军队。

赫尔曼·戈林是“里希霍芬伯爵”空军中队的最后一个指挥官。这个中队在大战后期曾写下过辉煌的历史篇章。国家社会党书记鲁道夫·赫斯是希特勒的亲密伙伴，他曾担任过德国“35”侦

① 凯末尔（Kemal，1881—1938），另译基马尔。土耳其共和国缔造者、杰出军人、政治改革家、第一任总统（1923—1938）。——编注

② 毕苏斯基（Pilsudski，Joseph，1867—1935），波兰革命者、政治家，第一次世界大战后1918年11月新生波兰的首任总统（1918—1922），二十世纪波兰复国运动的主要人物。——编注

察飞行队队员。国社党工会联合会领导人赖伊博士和直到纳粹夺取政权之前一直和希特勒保持密切关系的史特拉塞一样，也曾当过空军飞行员。还有许多海军军官，特别是潜艇军官都曾在党派政治中发挥过同样积极的作用。

在与暴力有密切关系的民政职务方面，可以举出罗斯福家族与海军部助理部长职务间的历史渊源关系作为例子。最初是西奥多·罗斯福，以后富兰克林·罗斯福从 1913 至 1920 年曾担任这一职务，后者还在 1918 年 7 至 9 月间负责过对驻扎欧洲海域的美国海军部队的检查工作。

美国内阁中政治组织工作的技能向来以邮政部长为代表。在共产党书记斯大林铲除托洛茨基时，组织技能是必不可少的一环。希特勒擅长演说和组织，是二者的卓越结合，墨索里尼兼有演说、新闻工作和组织工作三方面的特长，马萨里克[①]则同时具有演说、新闻、学者和组织各方面的特长。值得注意的是共产党政治委员会采取以更多的组织技能代替演讲、新闻与学术技能的办法已经逐渐改变了它的组成成分。

依靠某些重要的象征来处理关于人的问题也是一种技能。这种技能包括使用像演说、辩论文章、新闻故事、法律辩护、神学论争、带有一定目的的小说以及哲学体系等各种传播媒介在内。在物质环境由于技术的扩展而日趋复杂的情况下，人们靠熟练地使用象征来谋生的机会正在迅猛增加。例如，自 1870 年以来，美国

① 马萨里克（Masaryk，Tomáš，1850—1937），哲学家，捷克斯洛伐克的主要缔造者和第一任总统。——编注

职业著作家的人数已从原来微不足道的数字跃升至 12,000 至 13,000 人之多。艺术家的人数过去是 4,000,现在已有 60,000 了。演员由过去的 2,000 发展到现在的 40,000,音乐家的人数已经不是 16,000,而是 165,000。教师业的人数增加了 10 倍。1870 年时只有 1 个新闻记者的地方现在有了 10 个。今天共有300,000 名律师。律师在法庭、立法机关、各种调查团、董事会中所起的重大作用是人所共知的。总统内阁成员中,有一半人是律师出身。

和处理人的问题的情况一样,现代处理物的问题的专家人数,也有了惊人的增长。在美国,技术工程人员(不包括电工在内)从 1870 年的 7,000 增长到 1930 年的 226,000 以上(整个说来,挣工资雇员的增长率仅为 300%)。但是,和运用象征影响群众的专家相比,工程专家所受到的尊重却要少一些。

在十九世纪和二十世纪现代工业飞速扩展的情况下,讨价还价的技能顿时成为通向飞黄腾达的捷径。

除技能外,精英还可以从阶级方面来进行比较。阶级是具有类似职能、地位和观点的重要社会集团。当今世界政治上,主要的阶级结构分为贵族阶级、富豪阶级、中产阶级和体力劳动者。

1925 年德国地主贵族阶级拥有占全国可耕土地 20.2%的大地产中的绝大部分。易北河以东土地的 40%都属于他们。总的说来,这些大地产在德国全部土地占有户数中仅占 0.4%。处在这座金字塔底部的是大批只占有小片土地的人:占德国全部土地占有户数 59.4%的人仅占有可耕土地的 6.2%。

土地所有权集中在少数贵族阶级手中的情况,在智利特别明显,官方统计表明,在 57,000,000 亩私有土地中约有 50,000,000

亩掌握在 2,500 个个人手中。在战前的匈牙利，1,300 亩以上的产业只占全国土地占有户数的千分之一，其土地面积却占总面积的 17.5%。在以前沙俄帝国波罗的海各省，贵族阶级占有大片土地的情况更为突出，以致像爱沙尼亚这样的新国家在其成立之初就发现，仅 1,149 个大地产就占据了土地总面积的 58%。有一半土地属于封建贵族房地产的拉脱维亚，在 1922 年土地改革中，就设立了 43,000 个新的农民土地所有权。

在资本主义社会发展的各个阶段中，商业、工业和金融各方面逐渐兴起了一批庞大的富豪集团。商业资本主义时期的代表人物是约翰·雅可布·阿斯特财阀，这个家族从与东方国家做买卖、搞皮毛生意以及在纽约进行不动产投机等活动中积累了20,000,000 美元的财富。工业财阀的兴起稍晚一些。范德比尔特从铁路投机中获得了 100,000,000 美元的巨资。麦考密克靠农业机械起家，卡内基靠钢铁，洛克菲勒靠石油，摩根则靠银行投资活动起家。到 1929 年左右，在美国收入超过百万的富翁共有 504 人，他们的财富总计达 35,000,000,000 美元。这些庞大产业一般说都是五花八门、无所不包，它们在名义上控制着正在遥远地区进行着的各种计划与活动。

十八世纪末期，新兴资产阶级与法国贵族阶级发生了尖锐的冲突，但是在其他地方这个新兴资产阶级却很快地与日渐衰落的贵族阶级融为一体。在 1913 年，德国最大的富翁虽然是新工业资本家的代表、拥有 70,000,000 美元的克虏伯财阀，但仅次于他的第二大富豪却是贵族东纳斯马克王子。德国皇帝居第五位。这些贵族财产大部分也都变得五花八门，依附在各种类型的资本主义企业上面。

贵族阶级为新的社会结构所逐步取代的情况在一项对十九世纪初期以来英国内阁大臣的分析中显示出来。哈罗德·J.拉斯基指出，在1801—1831年间，71个英国内阁大臣级官员中至少有52人是贵族阶级的儿子。1906—1916年间，贵族儿子在51位大臣中只占25人，他们的人数降低到了与其他社会阶级均等的水平。从1917年到1924年，53位内阁大臣中只有14人是贵族出身的。

在日本，这种向现代工业化与现代金融的过渡是通过把新企业分配给一些大封建家族来实现的。

下层中产阶级是由一些靠技术换取微薄金钱报酬的人组成的。因此，这个阶级包括小农民、小生意人、低工资的专业人员、熟练工人与工匠。体力劳动者则是指那些没有专门技能的人，这些人是真正的无产阶级。关于如何划分富豪阶级、小资产阶级和无产阶级之间的界限，是政治实践中一个激烈争论的问题，科学家们的意见也很不一致。社会主义的宣传家们有时企图把熟练工人，甚至把低收入的专业人员都包括到无产阶级里去。而富豪阶级的宣传家们则把“企业”说成一个整体，企图把大企业、大财主与小企业、小财主之间的区别加以抹杀。

阿瑟·N.霍尔库姆把布哈林对这些词所下的定义应用于美国，得出如下的结果：把24,800,000个雇佣劳动者和14,000,000个家庭主妇归入“无产阶级”项内，所得出的“无产阶级”的数字中有51.7％是雇佣劳动者，1.6％是资本家，8％是地主，剩下的则是些“两者之间”、“过渡性的”、“混合的”和“未分类的”。据W.I.金估计，1924—1927年间美国雇佣劳动者平均收入约为1,885美

元。实际上“无产阶级”中有很大一部分——尽管数目不详——的人所得的收入超过这个平均数。

在那些为了获得技能而作出过牺牲的人们心中，存在着一种共同的看法，这种心理上的联系倾向于把小资产阶级从没有技能的无产阶级一边拉向富豪阶级一边。另一方面，地位低微的专业人员、商人、农民和熟练工人由于对一种没有保证把高报酬分配给技能的社会制度普遍感到不满而趋向于远离那些保全富豪阶级的社会结构。霍尔库姆划入“无产阶级”的人们中既有半熟练与不熟练工人也有熟练工人。因此，按照这种理解，他们之中有许多人属于小资产阶级。资料证明，在美国生活中，白领工人和专业人员一直在排挤和取代着体力工人。据估计，机器革命已经把美国工人人口中约计25%的人从艰苦的劳动中解脱出来，节省劳力的机械也减轻了那些留在农村、矿山和工厂中的人们的负担。1870年时，有52.8%的雇佣劳动者从事农业生产。到1930年，这个数字下降为21.3%。这些变化大部分发生在商业、运输业（从9.1%上升至20.7%）、办公室工作（从1.7%上升至8.2%），和专业服务机构（从2.7%上升至6.5%）等方面。

除了技能和阶级以外，还可以按人格来考虑价值的分配。临床心理学家和文化心理学家所熟悉的各种人格形象都取得什么样的相对成就呢？受虐狂者、施虐狂者、与世隔绝者、癔病患者、着迷者、受迫害者，这样一些心理变态的人各自都有什么样的命运呢？从这个观点来考察，时代前进的步伐就不是围绕着阶级与技能打转，而变成一连串的人格形象了。

这里，引起特别注意的是一些因受先天及早期教养的影响而倾向于以在政治舞台上表演特殊角色以求得满足的人格形象。鼓动家就属于这一类型。他那种渴望从同龄人方面受到迅速而热烈的崇敬的强烈欲望使他从他的同伴中分离出来。这种人感情上倾向于用演讲术和报刊辩论文章这些取悦群众的技能来培育和武装自己。而那些不太惊人的组织家则是对激动的反应需求较小的人。鼓动家在危机的紧急关头得到自己应得的东西,而组织家则在危机的间歇期受人欢迎。在危机加剧时,阿斯奎斯①让位给劳合·乔治②;兴登堡③让位给希特勒。危机的缓和则为鲍德温④或哈定⑤登上舞台准备了条件。

在危机的早期阶段,那些兼有坚定与仁慈、体谅多于残忍的人格会一马当先加速前进。因为出现在战争或革命前夕的压城乌云会在群众中引起严重的焦虑和不安。在灾难即将到来之时,渴求保证与放心的需要使温文尔雅的林肯比性烈如火的西沃德⑥更受欢迎。

存在着一些对专横暴力很容易发生迷恋的人格形象。他们学

① 阿斯奎斯(Asquith,H. H.,1852—1928),英国自由党内阁首相(1908—1916),1916年因战事失利和国内发生都柏林起义,被迫辞职。——编注

② 劳合·乔治(Lloyd George,1863—1945),英国首相(1916—1922),擅长演说。他的社会政策是现代福利国家的先驱。——编注

③ 兴登堡(Hindenburg,Paul von,1847—1934),第一次世界大战期间德国元帅,战后魏玛共和国第二任总统。——编注

④ 鲍德温(Baldwin,Stanley,1867—1947),英国保守党政治家,1923年至1937年间3次任首相。——编注

⑤ 哈定(Harding,Warren,1865—1923),美国第29任总统(1921—1923)。——编注

⑥ 西沃德(Seward,William,1801—1872),美国南北战争前辉格党和共和党内反对奴隶制的政治活动家。1861—1869年任国务卿。——编注

会了用极度强烈的专横任性来威吓周围的一切。他们以向外转移自己对困难处境的愤怒作为方法，在统治中得到了成功。这些就是拿破仑式的人物，这种人很容易毁掉自己或别人。

不管在政治上表现为什么特殊形式，所有政治人格的一个共同特性就是对尊敬所具有的强烈的要求。当这样一种动机与纵横捭阖的技能相结合，又遇到适宜的环境时，一个活生生的政治家就会应运而生。一个充分发展的典型政治人格总是以公共利益为名，在充满公共事物的世界中实现他的命运的。他总是打着集体利益的旗号，把私人动机转移到公共事物上面。

真正的政治人格是一种复杂的成品。当婴儿刚刚出生时，他们对附近的或遥远的环境还不具备相关的概念。他们的感情冲动最初只是针对周围亲密的小圈子组织起来的。在这个初始阶段，与客观世界相关的各种象征开始具有了意义。而真正的政治活动家则学会了把公共事物组成的世界用作减轻他周围环境中各种压力的一种手段。对尊重的强烈欲望在亲密的小圈子中一旦遭到挫折或过分纵容时，就转向更大的环境去寻求表现。于是在各种似是而非的符号的名义之下，这种偷梁换柱的把戏被合法化了。他给人们的暗示是他的行动并不是以行动本身为目的，是为了上帝的光荣，为了家庭的神圣，为了国家的独立，为了阶级的解放而在那里努力奋斗。在极端情况下，这种政治活动家不受周围环境中任何具体事物的约束。他对那些在科学、艺术和技术中可以辨认的自然界的常规毫不在意，他所关心的只是客观事物对他的自我在尊重方面所具有的意义。

除了上述各种技能、阶级及人格群之外，我们还可以通过态度群来考察价值分配的情况。那些把对国家、对民族、对阶级、对行业、对个人共同抱有的忠诚信念作为权势基础的权势人物把世界弄得四分五裂，各据一方。这些人中，有的是以好战的或妥协的方法为名，有的是以对一系列政策所提出的要求为名，有的是以对将来的乐观前景为幌子达到显赫一时的目的的。彼此大不相同的人格类型可以在对国家或对阶级忠贞不渝的信念上，也可以在方法、政策、前景上联合起来。这样，态度群就像打破技能或阶级的划分一样，也打破了人格的分类。在任何确定的时刻，某一技能群或阶级群的成员都不会达到充分高度的技能意识或阶级意识。虽然一个客观的观察家能够看到某些事件对他们各自的成功或失败所具有的意义，但这些技能群或阶级群的成员却可能没有共同的技能或阶级信念，而又都说着相同的爱国主义语言。

在这里我们回过头去看一看前面已经讨论过的问题，也许还比较合适。政治学一词已经被用作对权势和权势人物研究这个意思。然而，很明显并没有一个简单的指标可以作为衡量权势和权势人物的有用尺度。权势的一个侧面是对价值的相对分享。使用的价值不同，所得到的结果也不一样。尊重方面的精英并不一定就是安全方面的精英。除了我们列出的三种价值（尊重、安全、收入）之外，还可以加上更多的价值。不管表上列些什么，其中的项目都可以用不同的方式加以组合，从而得出与对精英的不同评价相对应的不同结果。除了作为对价值的相对分享之外，如果用其他的词来给权势下定义还可以得出一些新的结果。也可以用某个词来表示，一旦在价值问题上发生冲突时，对于价值可能受到什么影响的一种判断。这样就可以判断在发生一次假想的冲突的情况下，金融资本家是强于还是弱于工业资本家。

从以上的分析中可以看出，我们是不能期望得到静止的肯定结果的。不断的再检查必然会把世界的许多新现象带到我们严肃注意的中心点上来。对于专门的政治学者说来，一个统一的参照系统就是“权势和权势人物”、“权力和当权派”的丰富与多变的涵义。

也许读者要考虑，从迄今已讨论过的那些观点看来，他自己在这个世界上占有什么位置。我有什么主要技能呢？我所属的阶级是什么呢？我的人格属于什么类型呢？在集体政策和态度方面，我的忠诚和喜好如何呢？这些技能、阶级和人格的形式与我的这个地方、我的这个地区、我的国家、我的大陆、我的世界中尊重、安全、收入等等价值的分配之间有什么样的关系呢？在我的一生中，到目前为止，我的位置曾发生过什么变化？在我死去之前，还可能发生什么变化呢？

显然，最后一问以非常尖锐的方式提出了至关紧要的问题。思想的目的之一，就是要在时代的征途上确定作为众多客体之一的自我这个客体的位置。目标是在包括过去以及将来发生的各种事件的前后原委中正确地看清自我。在这种情况下，目标就是通过时间来为一系列技能、阶级、人格和态度形象指明方向。

这就是研究政治事件的思考法。但是，还有一种方法，称为应用法。用这种方法观察事件是为了发现达到某些目标的手段。这一观点，虽然能使分析者的态度更接近于鼓动家-组织家的态度，但它并不一定要求公开参加革命或反革命运动，公开参加改良或反改良运动。如果用这种方法观察事件，那么，在思想家重新恢复用思考法进行分析研究时，这种个人卷入的新鲜感觉就会对他起增强活力振奋精神的作用。

精英们是怎样受到攻击或受到保护的呢？如何通过利用象征、暴力、物资与实际措施等手段来达到特定的目标呢？这些就是在此处所提到的对政治的应用研究法所提出的主要问题，也是将在下面四章中提出讨论的问题。之后再恢复使用思考研究法，并根据技能、阶级、人格、态度来阐释事件的意义。

把目前这种对政治的解释与近代关于这一题目的专门思潮对比着进行观察，也许是有用处的。直到1906年之前，美国还没有足够多的政治学家以组成一个全国性的组织（虽然美国经济协会是在1885年成立的）。这个协会的最早会员来自政治学院（或系），也来自一些历史系、哲学系以及部分法律院校。这些政治学家虽然掌握不同的技术技能，但把他们联合起来的却是大家对于所称的政府制度的共同兴趣。政治学与法律和哲学有区别，它研究的是比较政府，着重研究引起现代特别是西欧及英语系统各国的组织机构及其制度的重大历史变革。

近几年来，院校政治学通过把注意力集中到公共管理、政党、宣传团体和政治人物等各个方面，扩大了它的论述内容。政治学家们更多地倾心于近期的过去和最近期的将来，而不是遥远的过去。这种注意力中心点转移所带来的一个结果就是采用了历史学家、哲学家和律师在传统装备中没有包括进去的一些研究方法。

对近期的过去与最近期的将来的研究把注意力带到了访问和现场观察的技巧上面。这就使得更多的政治学家去和那些擅长于访问原始民族（文化人类学家）、精于猎取个人生活史文件（社会心理学家、社会学家)、善于进行长时间技术性会谈(临床心理学家、心理分析家)以及专搞控制观察(行为心理学家、儿童心理学家、应用心理学家)的各种专家们进行接触。

专心致志于近期过去和最近期将来的政治学家们对各类多发性事件(如投票)进行了研究。这就使得运用数量程序来比较所得的结果成为可能,从而也使政治学家和统计学家有了更密切的接触。

由此可见,政治学家在解决他的问题时可以指望得到帮助的不是仅限于历史学家、律师或哲学家,而是在学术分工中新兴起的、日益壮大的技能群。

显然,这种视野的变化可能要在政治学家的技巧和观念上引起变化。一些人已经对于把他们研究的范畴和"政府"或"国家"等同起来表示不满了。他们发觉传统的政治学词汇已经难于适应对各种有关变化的论述了。传统上只有"主权"与"非主权"、"国家"与"非国家"、"集中"与"分散"的区别。但是,大多数事件似乎处于这些"非此即彼"的用语之间,要求我们的语言能够在"多或少"之间作出区分。长时期研究的结果把世界上的国家分类为"专政制度"与"非专政制度",但是这种两个字的分类法似乎并不特别重要。因此,对不同程度的"权力"或"势力"的兴趣,和对"权势"一词采用试验性及局部性表示法的兴趣正在日益增长。

政治学把研究对象集中在权势人物身上并不意味着对整个社会中各种价值的全面分配忽视不管。不考虑多数人,就不可能确定少数人。着重研究少数人取得多数东西的可能性并不表示多数人从政治变化中得不到好处。

此外，按某些价值（如尊重、安全、收入）来对政治结果进行分析也不意味这些结果或价值都是有意识地谋求得来的。决定自觉努力的影响如何是需要调查研究的事情。在某些情况下，极少量的“阶级意识”和“技能意识”却能产生出“阶级后果”和“技能后果”来。实际上感觉到的主观态度对阶级或技能群的相对影响可能起破坏而不是促进的作用。这样的态度就是“虚假阶级（或技能）意识”，而不是“真实阶级（或技能）意识”。

所以，政治学是对权势和权势人物的研究。决定权势的基础是在那些为了分析目的而选用的价值中所占有的份额。有代表性的价值是尊重、安全和收入。在权势的测定上，没有一个单一的指标是完全令人满意的。但是通过连续应用特定的标准，就可能使情况得到澄清。不管使用什么标准，注意力都应集中在权势人物的某些特征上，这些特征可以用阶级、技能、人格和态度等专门选用的词汇来加以描述。精英操纵或驾驭环境的方法——即运用暴力、物资、象征、实际措施等——对他们的命运产生深刻的影响。

本书将以权势人物所使用的方法作为开始，而以对权势人物所产生的后果作为结束。

第 二 篇

方　　法

第二章　象征

任何精英都以共同命运的象征作为旗号来为自己辩护和维护自己的利益。这些象征就是现行制度的“意识形态”，即反对派精英(counter-elite)所谓的“空想”。精英利用各种已经约定俗成的言词和姿态从群众中骗取血汗、劳动、税金、赞扬。在政治制度运转正常的情况下，群众对这些象征推崇备至；向来伪善而大胆的精英从不会因为感到不道德而产生痛苦。总之，“上帝在天——世上一切都好”。“联合起来就是力量”——不是剥削。

一种公认的意识形态是能够自己长期存在下去的，不需要那些受益最多的人去进行什么有计划的宣传。当有人为了寻求传播某种信念的方法而煞费苦心的时候，就表明该信念早已奄奄一息了，社会的基本前景已经衰败了；要不就是一种新的胜利的前景还没有获得男女老少各色人等的自发的忠诚。一个对自己毫无忧虑的国家多么幸福啊！至少少数几个从普遍默认中得到主要好处的人多么幸福啊！在群众受着信心的驱使，而精英又满怀自信的情况下，那些将特殊利益给与他人的生活制度是没有必要去搞什么阴谋诡计之类的活动的。

任何组织严密的生活方式都要按照自己设计的模式来塑造人的行为。和社会主义国家的共产主义思想一样，资本主义社会的个人主义必须从人的襁褓时期开始，直到他埋葬入土之日为止，反复地进行灌输。在作为众多资本主义国家之一的美国，个人成就与个人责任的生活从（一个人）有知觉的一天开始，就在歌曲中和故事中被吹捧上天。储蓄硬币的扑满灌输着勤俭节约的习惯，在校园中搞贸易活动传播着资产阶级的价值标准。学校中个人得分的制度在同学们之间造成竞争性的差距。“成功和失败全在你自己。”“努力就能成功”的意思就是“如果你努力去干，就会成功；如果得不到成功，就是你努力不够”。

“金钱万能”：钱是珍贵的，所以“现在去买自行车是不明智的”；“我们必须节约，把旧汽车再使用一季”；“他们快进贫民院了，你没看见她的穿着么？”“他们是高尚的人，但她是一个败类，丢了她父母的脸”；“他们为遗嘱问题发生了争吵”；“她是为了他的钱才和他结婚的”；“有人说他毒死了她，这样他就可以得到那笔保险金了”；“他是一个有才华的人，但他嗜酒成癖，把自己毁掉了”；“他本来是一个挣钱养家的好手，后来他四处玩乐，把钱都花到一些放荡女人身上去了”；“我听说哈里经营房地产发了大财”；“这东西花了你多少钱？”“那所大学的学费是多少？”

富有的、成功的叔叔，富有的、成功的执事，富有的、成功的校友，富有的、成功的银行家都成了奉承别人或是炫耀自己的谈话焦点。这些人的画像装饰在墙壁上，他们的半身铜像点缀在客厅中，他们的出现为各种聚会增添光彩。在“失败者”谋求捐助，或进行偷窃，或从事其他更坏的勾当时，无论在餐桌上，或托儿所里，或大街拐角处都能听到对“失败者”鄙视的称呼。

日常谈话、小说、电影都支持个人对成功或失败负责这个主题思想。他失败了，因为他不够机灵，或者说话时口臭，或者他没有学完函授教育的课程，或者上错了大学，或者他忘记把头发弄得光亮些。她成功了，因为她口红涂得恰到好处，因为她在家里通过电唱机学习法语，因为她把皮肤保养得使你不禁想用手去摸，因为她买的内衣柔软而又精巧。假如她从事打字和速记，她可能和她的上司结婚。下面这些影迷们经常看到的影片在表现突然成功这一主题上是相当典型的：在《我不是天使》中，一个过去在巡回演出团担任演员的姑娘和一个上流社会的男人结为伴侣。在《壮丽的早晨》中，一个一心想当演员的农村姑娘在一出剧的首场演出中被推出去担任角色，并且获得了轰动一时的成功。在《我的弱点》中，一个装扮成夫人的女用人把一位上流社会人士搞到了手。在《琼斯大帝》中，一个黑人搬运夫在他遭到失败之前，登上了帝王的高位。在《舞台游行》中，一个年轻的制片人，因一个夜晚的紧张工作而获得成功。

所有社会的和工业的困难都自动地被追溯到个人因素上面。如果某某公司的煤矿陷入了非常悲惨的困境，那是因为远在纽约的主人们并不知道此事。同时，麻烦可能是由一些煽动家或敲诈勒索分子制造出来的，他们为了使自己能以罢工领袖或罢工破坏者的身份受资本家雇用而去煽动人们。

这样，注意力的焦点都被集中到了一些个人问题上面。报刊报道说，他杀了她是因为他发现她和另一男人在一起，或者是因为她不容许他去找另一个女人。报纸报道说，他在选举中取得胜利，是因为他作了一次漂亮的演说。报纸报道说，他被轧死，是因为他忘记了看一看是否有火车正在开过来。报纸还报道说，她受了伤，是因为她没有看看包装上的说明。报纸并不是把某一单独事件和许多与它有关的事件联系起来,把它当作一个代表来加以描述的。在资产阶级社会中,从属的通讯工具的主题不是失业所造成的绝望,不是收成不好所造成的不安定,不是禁令重重所带来的行政工作效率的降低,而是个人动机和个人奋斗。

当这种思想意识从始到终浸透了生活的时候,集体责任的论点便会在不理解的墙头上碰得头破血流。在任何集体社会中,生活经验的全部组织结构都必须重新加以编织。例如,在苏联,就已经在改造下一代人的心理环境上作了很多努力。这些努力意味着修建大批集体房舍,以便用公共洗衣房及其他类似的服务设施去取代私人单位。为了把集体的企事业,而不是野心勃勃的个人放在注意力的中心,集体任务取代了个体任务。戏剧演出强调的不是演员明星,而是剧本,表现的不是个别人的问题,而是各种运动的命运。

那些象征有组织社会的标志和用语是人类处于朦胧状态下的早期宝贵历史经验的一部分。在美国,与所有人的记忆交织在一起的有:阵亡将士纪念日那天飘动在微风中的国旗、在特别节假日唱得不太整齐的美国国歌;每次学习和朗诵前重复进行的忠诚宣誓;在学校、教堂、俱乐部里进行排练的早期清教徒殖民者移居美洲的壮丽场面。这些记忆中,还包括当提到一个游手好闲的亲友的名字时那种严峻不安的沉默;和舰队、陆军及空军在一起参加旅行和冒险的故事;为死者而唱的严肃的安灵曲;穿着灰色、蓝色咔叽军服的行军队列。

在像总统举行就职典礼那样的场合里,国家统一的象征再一次引起人们的注意。表达这种象征所使用的词语在各个时代有所不同。在南北战争以前,常用的词是“联邦”(Union),但因这个词与流血的和存在激烈争议的历史有连带关系,所以在南北战争以后的总统演说词中已被取消不用了。“合众国”(United States)一词退下来,让位给“美国”(America)或“美国的”(American)的情况,在世界大战①后变得十分明显。在就职演说中总是包含着与神或上帝有关的说法,还经常使用像“自由”、“自由权”、“独立”、“经济”、“自主”一类的词。甚至连乔治·华盛顿都曾提到过“共同的过去”,而自富兰克林、皮尔斯以后,“我们光荣的过去”和“我们的回忆”就正式受到赞扬了。像“我们的祖先、我们的列祖列宗、创业者、建国者、我们的先贤们、英雄们”这些说法很少被遗漏。“对未来有信心”仅被门罗和克利夫兰二位总统删去过。“党派偏见”在大多数演说中,都是以批判性或贬抑性的口吻提及的。还经常出现一些像“我们人民的聪明才智、我们正义的人民、我们伟大的国家”等一些自我赞美的说法。

在漫画中反映出来的公众绘画语言里面,外国的形象除了公众的同情心偶尔对他们有利外,通常都是扮演一个可怜的角色。多少年来,“墨西哥人”的模式总是包括一件短上衣、一顶很大的阔沿帽、踢马刺、左轮手枪和来福枪。他们的衣服破烂不堪,有时穿着打补丁的鞋子,光着脚板。黑黑的头发、有点向上翘起的胡须、黑眼睛、紧握着的拳头、带着挑战表情的面孔,这一切给人的感觉

① 世界大战(the World War),即第一次世界大战(1914—1918),下同。——编注

与其说是仇恨倒不如说是烦恼。有时漫画上的“墨西哥人”是一个应当狠狠地打他一顿屁股，让他上床去睡觉的一个又瘦又小的顽童。有时他被画成正在玩火，或者正在朝山姆大叔吐舌头，或者正在搞恶作剧时被住在他北面那个当警察的邻居一把抓住的样子。

在1915年前，“日本人”到底应画成什么模样，还没有一定之规。最初，他是一个小孩，或是一个穿着和服的小个子男人。直到1915年5月，漫画家鲍尔斯画笔下的“日本人”还是一个穿着一身长不过膝的和服、背后打着大大的蝴蝶结、赤裸着胳臂和双腿、剃着光头、满口白牙、手持梭镖的形象。到1915年，趋势转向于抛弃和服，而给“日本仔”穿上一身军装，通常是一件短短的普通上装（不带装饰品）、一条长裤、一双紧绷绷的长统马靴、军帽、军刀，经常还有一支手枪或一把刺刀。有时候，特别是在华盛顿会议期间，“日本仔”在图画里穿的是一套普通西服；但是到了1925年，又给他重新穿上了威风凛凛的全副武装。

漫画中，没有一个表现公众从公共支出中得到好处的固定模式，这个事实突出地表明了反政府的倾向性。整个侧重点被放到了“纳税人”上面。“纳税人”通常穿白衬衫、黑西服，打着活结领带，有时穿白色背心，经常穿条单薄的长裤，他是一个倒霉透顶的可怜虫。这个过去用草帽、圆顶礼帽或者大号牛仔帽装备起来的人，现在通常都把一顶大小不一的软毡帽或搁在脑袋顶上，或压在耳朵外面。穿的鞋可能破烂不堪，而且打着补丁，然而那条高贵的白领却始终巍然留在那里。这个瘦弱的小伙子头发稀疏，鼻子很长，留着小胡子，戴着眼镜。在1921年左右，他的夹鼻眼镜换上了牛角框子。“纳税人”和“公众”不一样，他总是被搬到舞台上去表演角色。他可能是一个准备牺牲的以撒[①]；一个扎着绷带、正要离开民主党医生的办公室，准备到共和党医生那里去求得救治的跛子；一个正在把五艘大号巡逻船拼命向着一个废料堆划去的划手；一张锯木架，政府的铺张浪费像一把锯子正在它上面剧烈地摇晃着。

非常奇怪的是，许多年来"资本家"的模式一直保持着不受人赞美的老样子。格子花裤子配黑色外套和一套格子花衣服的穿法在1910年至1911年间逐步让位给黑色衣服或黑色外套加有条纹的长裤。白色背心、飞翼形领、蝴蝶结（或活结领带）、不同尺寸与不同高度的烟筒礼帽很早就已经包括在这个模式之中。所戴珠宝的数量各有差别。有时候他用钻石的前胸饰扣或领带装饰别针、袖口链扣和钻石戒指装饰自己，甚至大拇指和食指上都戴着戒指。到1912年和1913年时又添上了鞋罩，闪闪发光的漆皮鞋成了固定装饰。有时候还要添上大雪茄和一根大手杖。"资本家"总是肥肥的脖子、圆圆的肚皮、秃脑袋。为了强调他贪婪的特性，他的两只手有时被画得格外肥大。在损害"劳工"和"公众"的情况下，绝大多数时候"资本家"总是咧着嘴大笑或者露出喜笑颜开的模样。但是到了1919至1921年间，反面象征变成了被打扮成穿着绸子衬衫、傲视一切的"劳工"的形象。

在精英们使用宣传手段时，一个战术上的问题就是要选择那些能够产生希望中的共同行为的各种象征和方法。不断采用的方

① 以撒（Isaac），《圣经·旧约》所载以色列人第二代列祖。上帝曾命亚伯拉罕以以撒为牺牲献祭，亚伯拉罕准备遵从上帝的指示，但上帝开恩保存了以撒的性命。——编注

法常常是重复或分散注意力。公众不断变化的感情需求——有时是顺从的情绪，有时是自作主张的情绪——都使得控制群众中各色人等的任务变得非常复杂。在为了共同事业而严守纪律的时期过去之后，群众的趋势是倾向于个人主义与多样化；在自作主张的时期过去之后，群众趋势又转向纪律严格的原教旨主义（传统信仰主义）。这就意味着，当惯常的习俗被大家遵守时，反惯常习俗的态度受到压制；而当反惯常习俗的态度受人迷恋时，惯常习俗又被压制。被禁止的东西并没有真正消灭；这样就产生了人们多变的情绪在方向上发生突变的现象。

卓有成效的宣传在处理下述情绪方面是灵活多变的：

攻击

内疚

虚弱

喜爱

一个社会的战争组织会乘机利用在危机中逐渐积累起来的高度攻击情绪。当另一个国家作为一种威胁出现时，对它加以破坏的报复性冲动情绪会迅速被激发起来，但这种冲动情绪不会立即直接表现出来。它们一部分会被隐藏起来，一部分会受到抑制，但是它们对精神生活的趋势和基调是会产生影响的。遇到阻碍的情感能量会通过各种方法求得发泄，但是在一般群众中人们可能使用的方法往往是最原始的。在对付内心压力的各种方法中，有一种最简单的方法就是投射法。这种方法通过将自身情感看作是一种环境的属性来解决内心情感上的各种困难。一个人不但看不清自己报复性破坏情绪的强烈性，反而会感到外部世界的破坏性比实际情况远为强大。这样，把破坏性推到别人头上，也就使这种杀气腾腾的感情冲动从道德上得到了解释。这个“别人”的象征则被精心描写成为一个诡计多端、奸诈恶毒的“有权势者”。

内心深处的内疚感同样可以投射到外部世界去。由于社会总是在婴儿期、童年期及青少年期教导一个人遏制他的怒气，因此敌对情绪总是会引起有罪的感觉。最初出现的以对自身发怒的方法来遏制其破坏趋势的倾向可以通过投射将谴责移开自身，而把愤怒指向敌人的“不道德”。

强烈的内心愤怒还能够激起对死亡和肢体残缺的深刻恐惧。（这些恐惧中有一部分就是心理分析学上所谓的“去势恐”）。这些对于遭受无法恢复的衰弱所抱有的恐惧，和对于在现在及将来要受到低人一等的屈辱的恐惧也可以通过投射加以缓解。面临失败的不是我们自己，而是我们的敌人；我们的胜利是完全有把握的。

随着危机的发展，“国家”不断地被推到注意力的中心点上。日常生活中经常出现的令人全神贯注的事务因受到有关国际冲突的种种消息和谣传的影响而变得不那么重要了。由于周围有许多“他们”的象征，人们的眼光全都集中到代表国家的“我们”这个象征的命运上。对某些外国人象征原先抱有的爱和尊重受到削弱，成了集体的“我们”的各种象征的附属品。受到威胁的感觉大大增加了对爱的需要，于是，国家变成了一个具有无限保护作用和无限宽容的、强大而睿智的象征。

当战争宣传的对象是中立国家时，它的任务就在于引导中立国家中的权势人物把我们的敌人看作是他们的敌人，把我们的事业当作他们的事业。这项任务可以通过积极提供各种有利机会，使旁观者变为参加者的办法来完成。例如，在美国，协约国的事业从在来自“流血的比利时”被占领区的孩子中“收养孤儿”的慈善运动中得到了很大的好处。1914 至 1917 年间英国在美国的宣传工作聪明之处就在于它的大量工作都是秘密进行的或由私人经办的。它使用私人联系的办法，尽可能地依靠美国的人力、物力进行活动。一些德国的特工人员暴露了自己的身份，所以他们被搞得声名狼藉。作为古代宣传工作史的一个提示，不妨注意一下，古希腊悲剧作家欧里庇得斯的戏剧中，有一部或许就是专门为了影响阿尔戈斯[①]，使它反抗斯巴达而写作的宣传剧。那个剧最初演出的地方不是雅典，而是阿尔戈斯；人们还记得，珀琉斯[②]说了多少诽谤拉色底莫尼亚妇女的话。

当宣传的问题是和结盟国家打交道时，主要的课题就是要突出我们在战争中所作的艰苦努力，和我们对结盟国家抱有的战争目标的衷心拥护与支持。

在敌对国家进行宣传工作的主要目标则是设法把敌对情绪转向其他敌人，或者使这种敌意转向内部，以便酿成内战或引起革命。在世界大战中德国士气的变化充分显示了起伏不定的不安定局面与宣传工作的效率间所存在的联系。自从马恩河受阻和战壕对峙中出现了僵持不下的局面以后，原先充满前线和国内的那种自信心和热情开始衰退下去。光荣进军巴黎的计划没有实现。一

---

① 阿尔戈斯(Argos)，古希腊城邦之一，位于伯罗奔尼撒半岛东北部地区。——编注

② 珀琉斯(Peleus)，希腊神话中的色萨利地方密耳弥冬人的国王，忒提斯的丈夫和阿喀琉斯的父亲。——编注

般士兵迫切希望能在圣诞节前后走出战壕。但是,一直到食物的短缺问题使国内人民大伤脑筋以前,不满的浪潮还没有达到十分严重的程度。1915 年 10 月,外交部新闻司司长就已经注意到国内妻子们的抱怨已经对前线的士气发生了影响。1916 年夏天,从前线写回的家信开始反映凡尔登附近惊人损失所引起的冲击。"骗局"一词也开始被用到战争上来了。索姆河之战给人们造成的印象是,协约国在人力物力方面的资源都是用之不竭的。于是,批评的、挑剔的情绪开始表现出来了,军官和士兵之间的裂痕也开始明显地加宽了。1916 至 1917 年"萝卜之冬"的艰苦更加剧了国内的沮丧情绪。在 1917 年夏天,关于战争目标的问题广泛为人们讨论,而祖国党对大兼并所提出的大吹大擂的要求又损坏了战争的目的纯粹是为了自卫的印象。前线士兵们对于军火厂工人们的高工资和军火生产商们的高额利润发出了强烈的愤懑。

在佛兰德连续进行了三个月战斗之后,因被俘而损失的人员数字急剧上升。这一事实充分说明,随着战争逐渐走向结束,士气的低落也迅猛地扩展开了。当部队由东部战区转调到西部"坟场"的时候,纪律难于维持的情况有时简直达到了极点。最高司令部作出决定,把全部赌注下在 1918 年的大攻势上,部分原因就是由于这一情况。但是,很明显,还在 6 月间部队就已经溃散了。到了 7 月,各方面的问题,如开小差、胆怯罪以及公开抗拒命令等已经发展到了不可收拾的地步。8 月的特点是冷淡、失望和漠不关心。在战争的最后几个月中,约有七十五万至一百万人成功地离开了战场,留在前线的人们中有许多人也是在那里搞消极抵抗。愿意打仗的士兵开始被同伴们称为"破坏罢工者"或"延长战争者"。

鲁登道夫[①]第一次注意到敌人宣传工作的效果，是在1917年夏天。1918年中，敌人宣传的威胁从出现在前线写回的家信里那许多来自敌方的用语中，和情报官员在写给最高司令部的报告中提到的他们在运兵列车上所听到的谈话中透露出来。他们所使用的词语，如“普鲁士军国主义”、“泛日耳曼”、“残忍好杀的德皇”和“容克地主”等都与协约国宣传家们所理解的意思完全一样。由于法国人答应对所有在投降时高呼“共和国”的俘虏及逃兵给予特殊宽大，所以士兵们也学会了“共和国”一词。由于一些社会主义领导人在1914年抛弃国际主义之后又恢复了原状，国内激进社会主义的宣传也东山再起，卷土重来。1918年，从东部战区调到西线的部队经常对布尔什维克士兵表示友善，并且到处散布对战争所作的革命的解释。

协约国的宣传极力灌输德国必将最后失败的思想，同时煽动进行一次与社会革命有区别的政府革命。在著名的“没有武器的战争”中，他们使用的传单达到了惊人的数字。总的说来，在德国各条战线上共抛撒传单65,595,000份。其中法国人散发43,300,000份。英国人19,295,000份，美国人3,000,000份。德国最高司令部企图以向交出传单的士兵发给津贴费的办法来进行自卫。协约国抛撒的传单实际上有十六分之一被德国士兵交给了他们的军官。德国人还试图在国内搞特种宣传来配合他们对协约国发动的强大反攻。他们在西线散发了2,253,000份阿登公报。

① 鲁登道夫(Ludendorff，Erich，1865—1937)，第一次世界大战期间德国军队参谋长之一。——编注

和战争一样，革命的目标也在于取得对敌人的强制性优势，以此作为手段，把自己的意志强加于他。革命宣传所选择的象征，就是那些预计可以使群众的感情背离现存权力象征，可以把群众的喜爱之情转移到挑战性象征上去，而且可以把群众的敌对情绪引向现存权力象征的那些象征。这一工作与战争宣传的心理问题比较起来，要复杂得多。因为，在战争中，社会的破坏性能量是沿着人们所熟悉的渠道排泄的。而从事革命活动的大多数人都要面临一个道德观念危机的问题。因为合法当局是靠塑造那些出生在他们控制范围内的人们的道德观念来维持和延续他们的统治的。因此，凡属大的革命都对那些由保姆、教师、监护人和父母沿着“公认”的表现渠道所培育起来的感情采取抗拒蔑视的态度。革命，就是同道德观念的决裂。

和战争宣传一样，革命宣传工作的心理任务在于对攻击、内疚、虚弱、喜爱等情绪实行控制。比如，马克思主义用谴责“资本主义”的掠夺性来鼓励攻击情绪的投射。马克思主义用控告资本主义是战争、贫穷、苦难、疾病之源来鼓励内疚情绪的投射。马克思主义主张将爱投射到“社会主义”和“无产阶级”上去。马克思主义断言资本主义社会由于在其内部孕育了革命的种子而注定要腐朽，以此来支持虚弱感的投射。正如本书作者在另一个地方说过的：“辩证唯物主义就是用个人的喜好来解释世界历史，把个人的追求上升到宇宙必然性的高度，按照愿望中的模型来改造世界，就是通过整体象征的合并来使残缺不全的自我臻于完善。没有任何一种与之相对抗的象征主义达到了如此进行强制性阐述的高度。”

某些带偏见的革命运动是由决心清除那些与最新世界革命运

动有联系的分子的精英领导的。这些运动，如意大利的法西斯主义和德国的民族社会主义，都是好战的排外主义和民族主义运动。不管他们在象征上或实际上从最新世界革命模式方面借鉴了多少东西，他们总是掩盖自己的盗窃行为，憎恨自己的根源。

不难理解，他们要把“非雅利安人”当作站在马克思主义、凡尔赛、魏玛、道威斯计划[①]这些小魔鬼身后的一个统一的大魔鬼。意大利的同一类型的群众运动并没有利用犹太人；但在德国，许多情况结合起来促使犹太人成为蛊惑人心的宣传的攻击目标。对这些因素进行分析将有助于阐明象征在与其他相关因素对比下所具有的功能。

当时，德国的犹太人为数极少，他们都是一些银行家、商人和专业人员，这些人用轻蔑的态度看待迫害犹太人的行为。当时，又不存在足以在工人群众中建立起亲犹太势力的犹太人无产者集团。总而言之，那时犹太人的人数正好是多得足以引起人们仇恨他们，但又不是多得足以有效地进行报复。传统的反犹太主义成了可以被人大胆利用的坚实背景。

反犹太主义为发泄对富人及其他成功者的仇恨提供了一个难得的机会，而同时又不冒支持无产阶级社会主义者的风险。在这种情况下，脓疮便不是“资本主义”，而是“犹太剥削者”了。有一些德国犹太人是众所周知的国际银行家，这一事实也为对他们的权势编造一套夸大其实的谎言奠定了牢固的常识基础。于是，小企

① 道威斯计划是第一次世界大战后，为德国战争赔款所作的一项安排。——编注

业主、专业人员和小职员们就可以向“制度”进攻，而不至于把自己“降低”到“无产阶级”的水平了。

利用这个犹太象征，甚至中产阶级对无产阶级的仇恨也可以被分化。比如，对那些德国化的程度达到了放弃“犹太主义”的工人可以宽大为怀加以容忍；而对那些坚持犹太主义的和“赤色的”、“马克思主义的”则可以将其消灭掉。

贵族阶级对现代工业化造成的后果所抱的仇恨也可以借助于犹太人而将其分化。各种令人讨厌的情况都被说成是国际犹太金融影响的具体表现，而不是制度的固有特性。这样一来，与资本主义成分进行合作就成为可能，近年来经济变化所引起的愤怒也就转移到不相干的替罪羊身上去了。

反犹太主义也是削弱行业竞争者的一种手段，特别是在那些相当拥挤的领域如医疗、法律、哲学、科学及新闻等方面更为明显。

反犹太主义又是农村居民发泄对城市居民的仇恨的一个重要手段。在一切形式的文明社会中无不存在乡村、小城镇和大都市间各种一触即发的冲突。城市是新事物的策源地，由于新事物总是威胁着旧的道德准则、习惯与爱好，所以也是惊心动魄事件的发源地。在习惯风尚的各种敌人中，城市型人物是最突出的敌人，犹太人就是城市型的人物。发明心理分析学、诽谤资产阶级的不正是弗洛伊德吗？替各种性变态人物作辩护的不正是希尔什费尔德么？在形成“文化布尔什维主义”颠覆性风气中立下汗马功劳的不正是那些犹太作家们、演员们、画家们吗？

战争带来的种种艰难困苦，如封锁、通货膨胀、通货紧缩，给德国造成了巨大的精神损失。大批的人受到性和财产的“诱惑”；所以他们都倾向于“净化”，以便使他们从良心的巨掌下解脱出来。对他们来说，犹太人就是充当牺牲品的以撒。的确，整个十九世纪目睹了民族主义取代国教日益衰落的号召力而成为世俗崇拜对象的成长壮大过程。然而，这种虔敬的衰落却遗留下大量良心上的内疚感，只有对基督教的传统敌人犹太人实行攻击才能取得补偿。

显然，在众多事物中犹太人是比任何其他事物更容易被作为不相干的感情冲击的目标而加以利用的。农村对城市的仇恨、贵族阶级对富豪阶级的仇恨、中产阶级对体力劳动者、贵族阶级以及富豪阶级的仇恨都可以转嫁到犹太人身上。经济困难和国际屈辱带来的挫折、不道德行为引起的内疚、虔诚减弱造成的内疚——这些德国人生活上的重压都可以在政治上轻易被人利用。

由此可见，宣传是通过一些被精英和反对派精英最大限度地加以利用的象征来进行的。但是，集体感情的强度和集体行为的大方向与总分布却是和变化不定的总形势有关的事情。

第三章　暴力

暴力，是精英用以进攻和防御的一种主要手段，它有多种形式。自古以来被包括在世界武装力量中的人员数字在一定程度上说明了暴力在政治中所占的地位。

在罗马帝国的早期，常备军的人数约为300,000，或者说在每一千人中有三个人。无疑，这是古代最大的一支常备军。在十三世纪，欧洲人口中大约有相同比例的人服兵役，虽然这些人分散在一大群很小的公国中。在十七世纪初期，欧洲的人口恢复到了和罗马帝国相等的水平，但参军的人数和比例数却大为增加了。在拿破仑时期，法国有时候每一千人中就有十个人参军，而在十九世纪结束之前，各大强国的和平时期的编制都达到了拿破仑时期的这一高峰。在世界大战中，每千人中至少有一百人参军。到1934年时，欧洲各国的常备军已经是奥古斯都统帅的古罗马军队规模的两倍。

战争持续的时间缩短了，而且如果不把派向技术落后国家的远征军计算在内的话，战争年代与和平年代的比例也同样缩小了。在十七世纪，欧洲各大国有75％的时间在打仗。在十八世纪，这个比例变成了50％。十九世纪是25％。如果把一些小规模冲突包括进去，各大强国几乎大部分时间都在打仗。昆西・赖特说过：

“甚至像美国这种也许有些不太正确地以和平自夸的国家，在它158年全部历史中也只有20年左右它的陆军或海军不是在某个时候、某个地点处于作战的状态。”

这些给人深刻印象的数字所代表的只是集体暴力行动的很小一部分。一张全面的暴力资产负债表还得加上那些在革命或反革命运动中、在起义中、在执行刑事判决中被杀死的人。行使暴力的特殊人员，除了海、陆、空军部队的人员外，还包括警卫员、看守员和警察。值得注意的是，在像芝加哥一类的社区中，私人雇用的警察人数据估计超过了在政府机构中工作的警察人数。囚犯是通过社区中握有强制权力的当局所批准的法律行为而被剥夺了自由的犯人。美国监狱中的犯人增长得比人口更快，从1890年的67,000上升到1930年的140,000。

如果我们把练习使用火器与炸药的人和学习兵器教程的人也包括进去的话，暴力的功能比起以上数字所显示的情况还要广泛得多。如果我们把政府官员不知道的、在私人关系中不断发生的使用暴力的次数也统计在内，我们将会得出更加令人吃惊的数字来。

显然，把暴力作为一种权势工具而加以合理使用有赖于把暴力行为作为全局中一个方面来看待而对它作出清醒的估价。把它作为一种全面毁灭工具的情况是很少见的。它只是达到某种目的的一种手段，而不是目的本身。但是，人们对残酷行为的喜爱是如此强烈——不论是采取直接满足的形式，还是采取过分偏爱的间接形式——以致使暴力的合理使用遇到许多严重的困难。为了防范以肆意进行破坏为乐，许多研究暴力问题的古典评论家都特别强调暴力所起的工具作用和它的特殊危险。

最早写于公元前五世纪的中国古典军事著作——《兵法》(*Book of War*)曾对暴力的限度问题提出过警告。

“故曰天下战国。五胜者祸。四胜者弊。三胜者霸。二胜者王。一胜者帝。是以数胜得天下者稀。以亡者众。”①

现代专家们都知道，当克劳塞维茨发表他的著名理论“战争是政治通过另一种手段的继续”时，他已经阐明了他对战争的政治观点。作为一个普鲁士参谋军官，他是富有经验的，他强烈地感受到，敌对关系绝不是一个以达到一切可能目标之极限为目的的单纯军事努力的问题。他认为，可供使用的力量要受各种考虑的限制，特别要受当前任务中集体关注的程度这一因素的限制。因此，战争很少是“绝对的战争”；它只是由忠诚、希望和期待等各种相关因素组成的变化不定的整体中的一个侧面而已。

军事目标依赖于总的政治形势的情况，在美国南北战争中表现得很清楚。当时联邦各州的政治目的是要防止南方邦联各州脱离美利坚合众国。南方各州的政治目标则是要实现独立。由于北方在人力与物力上都占有很大优势，南方从来也没想过要征服北方。南方的总战略是拖长抵抗时间，以便达到一方面使北方最后相信强迫南方留在合众国内是得不偿失的，另一方面支持南方的外国干涉可能到来的双重目的。

① 《吴子》，见《诸子集成》(六)，中华书局，1954 年 12 月第 1 版。吴子，即吴起(? —前 381)，战国时兵家。《汉书·艺文志》著录《吴起》四十八篇，已佚。今本《吴子》六篇系后人所托。——编注

罗伯特·李将军[①]企图用把战争引向北方的办法来实现这两个政治目标。从1862年到1863年夏天，他的战略一直是采取攻势。1863年7月在葛底斯堡遭到失败时，他已经不再具有继续采取攻势政策的手段了，同时外国援助不会马上到来也变得非常明显了。这时他的战略转为防御，目的在于消耗北方的实力和耐心。而北方呢，如同英国人在南非战争[②]中与布尔人的关系一样，只有靠打败敌人的军队和占领敌人的大部分领土才能达到自己的目标。

战略著作中总结出来的许多战争原则都强调暴力行动和整体之间的联系。"安全原则"强调与作战有关的各方在整个行动中小心翼翼地确保各自态度始终不变的重要性。

F.莫里斯少将指出，美国内战中1862年首次战役所以失败，一部分原因就在于忽视了这条安全原则。联邦部队指挥官麦克莱伦[③]在弗吉尼亚边境的军队有180,000人。南部诸州联盟可以用来防守弗吉尼亚及其首府里士满的部队为71,000人。联邦部队前一年在向里士满进军时，由于布尔溪战役受挫而遭到失败。当时为数不多的几条公路，在春季几个月中，很难行走。麦克莱伦想出一个利用海上控制权，把他的大部分军队秘密转移到距里士满不到60英里的约克敦半岛的计划。林肯总统批准了这个作战计

① 罗伯特·李(Robert E. Lee,1807—1870)，美国内战时期南军著名统帅。——编注

② 南非战争，又称布尔战争或英布战争，是英国与两个布尔人共和国(南非共和国和奥兰治自由邦)之间的战争(1899—1902)。——编注

③ 麦克莱伦(McClellan,George B.,1826—1885)，美国将军，在南北战争中曾任联邦军总司令。——编注

划，但明确提出以采取适当措施保卫与弗吉尼亚州仅有波托马克河一水之隔的华盛顿市的安全为条件。关于用船只将部队运往纽克敦半岛的行动，麦克莱伦将军既没有把情况告知总统，也没有说明采取了什么措施以保卫华盛顿。他也没有弄清被任命指挥华盛顿防务的华兹沃思将军是否认为他率领的部队已经足够使用。他只是将一份留守部队的表册送给陆军部就草草了事。

林肯总统命令一个军事委员会去调查他对首都安全的指示是否已被遵照执行了。华兹沃思将军说，他指挥的部队不论在数量上和质量上都是不够的。于是总统命令麦克道威尔将军统率的属于麦克莱伦部队的第一兵团留在北弗吉尼亚，以掩护华盛顿。麦克莱伦的态度已经在总统心中引起了怀疑。不久之后由于斯通沃尔·杰克逊将军率领16,000人在5月25日击败了守卫谢南多厄河谷的班克斯，使原来的信任不足变成了惊恐不安。华盛顿的恐慌导致更多的麦克莱伦的部队被撤走，使跟在杰克逊屁股后面的那场追击毫无成效。

麦克莱伦和他的朋友们都认为，总统存在着失信和过于胆怯的问题。但总统感到他对保护全国政府的所在地负有重大责任，所以他对这个少言寡语、看起来似乎躲躲闪闪的将军是否可靠表示怀疑是完全有理由的。麦克莱伦未能从全局出发来考虑作战计划；他忽略了在执行这种计划中至关紧要的加强与巩固合作信心的问题。

有效使用暴力还包含在整个行动中把破坏力量的优势集中到某些要害部位上的问题。许多战争原理都一再告诫将军们和统治者们，考虑行动的全部过程，以及在考虑一切有关的可能情况的同时，选择某些特殊着力点是至关重要的事情。所以，特别强调“经济”、“合作”、“运动”、“出奇”与“集中”等作为完成总目的的手段。此外，对外部干涉将会造成失败或将夺走胜利果实的可能性进行衡量也具有同样的重要性。回顾起来，德国最高司令部没有看到美国在欧洲战争中所拥有的充分潜力，是非常明显的。与此相反，英国却通过了旨在缓和美国怒气的违禁品条例与实施办法。

在寻求优势的努力中，设计出一种既出人意外又有强大破坏力、能使敌人丧失有效抵抗能力的攻势，是每一机警的战略家的梦想。这种梦想被恰当地称为坎尼梦想。坎尼之战本来是罗马人和迦太基人于公元前 216 年在阿普利亚进行的一次战斗。汉尼拔[①]率领的一支人数很少的部队把 8,500 个罗马军团的士兵分割开来，然后用骑兵从侧翼向敌人进攻，并将其包围。可见，有效战略的目标并不是不成熟的、潜在的优势，而是具体的、现实的优势。著名的、虽遭削弱但仍在 1914 年几乎引导德国取得胜利的施利芬计划[②]就是以这种概念作为基础的。施利芬把德国全部军队的三分之二(72 个师中的 53 个)调拨给前线的一个单一部位(右翼)，让这支部队越过比利时和法国北部，进攻巴黎。他企图用德国部队为了取得汉尼拔的特种骑兵曾经发挥过的那种神效而秘密储备起来的最新式战斗武器——重型榴弹炮和机关枪来提高右翼的战斗力。他的想法是，在击溃主要敌人——法国之后，立即转而指向

① 汉尼拔(Hannibal，公元前 247—前 183/182)，迦太基人，古代最伟大的军事统帅之一。——编注

② 施利芬(Schlieffen，Alfred，Graf von，1833—1913)，德国军官，曾任参谋总长。针对德国可能会应付东西两线作战的情况，他提出施利芬计划。——编注

东方的俄国。但是，正当这些部队在比利时和法国北部胜利前进的时候，毛奇[①]从右翼调走了两个兵团。这样一来，取得胜利的前景就受到了阻碍。被撤走的两个兵团当时被派到东线，去缓解有权势的容克地主们的家乡东普鲁士所受到的压力。

今天，各种新式作战武器——飞机和毒气等的出现激发起雄心勃勃的暴力专家们的想象力。能把事先秘密储备起来的在数量上占优势的飞机和毒气用去对付最强大的敌人，迫使他在几天或几小时之内投降就范，从而使胜利者能够转向较弱的敌人或转而镇压国内的反叛者吗？一般说，技术优势的诱惑总是将人引向失望的道路。它总是引导人们把注意力集中到机械的细节上，而忽略了整个形势中更加微妙的心理与社会方面的问题。

暴力行动的成功取决于整个行动中其他一些突出方面，如组织、宣传、新闻情报之间的相互配合。由于分裂的要求通常出现在那些作为一个整体从国家中分化出来的分子聚居的地方，切实可行的办法通常是将大规模暴力行动推迟到在现存政府中已经成功地组织起另一个政府的时候。

1893 年由一群年轻的马其顿学校教师建立起来的马其顿内部革命组织(IMRO)，过去和现在都是这样一个政府之中的政府。这个组织的目标是通过在人民中进行鼓动来迫使土耳其按照柏林条约第 23 条的规定承认马其顿自治。它是一个向全体马其顿人，不管是塞尔维亚族人、希腊族人、罗马尼亚族人、土耳其族人、犹太

① 毛奇(Moltke，Helmuth von，1848—1916)，德国军官，第一次世界大战时期继施利芬之后任德国参谋总长。——编注

族人或保加利亚族人，都完全公开的组织。1903 年它曾支持过一次暴动，这次暴动虽然被土耳其打垮，却促成了欧洲的干涉。直到 1906 年马其顿内部革命组织的一次全体代表会议才正式批准一项宪法。其主要口号是“马其顿属于马其顿人”和“要渐进不要革命”。全民投票选举了地方委员会；每个地方委员会都派代表参加县(rayan)委员会。在它的上面是州(okrug)委员会，相当于土耳其的省(vilayet)。州委员会派 47 名代表参加定期开会的全体大会，最后由全体大会选举产生出由三人组成的中央委员会。中央委员会任命另外一个机构代表该组织办理向外界采购军火弹药的事务。该组织从来没有把权力授与过任何个人。土耳其政权垮台后，马其顿内部革命组织接管了法院，镇压了土匪，兴办了学校。法院的法令由许多军事小组负责执行，遇紧急情况时，则有村级民兵组织待命行动。

马其顿内部革命组织是一个特殊的例子。在一般情况下，经济和外交组织都很不完善，尤其在革命运动中更是如此。因为，在暴力行动之前，很少有可能把同情革命目标的人组织起来。因此，在通常情况下，成功的暴力行动总是较多地依赖于和宣传工作进行适当的配合。在革命中，取得成功的暴力行动总是依靠使军事政变与由群众不满造成的危机相结合。军事政变可以由少数消息灵通、装备精良和训练有素的突击队员去完成，但是，要争取一批忠诚可靠的同谋共事者和在群众支持下把行动善始善终地加以实现，却只能依赖在危机出现之前早就开始的长期宣传准备工作。

这种宣传准备工作特别要以争取或瓦解军队及警察中大部分人为目标。理所当然，革命军队在装备上肯定不会是精良的。如在一次广州暴动中，参加暴动的 2,000 名突击队员只有 200 枚炸弹和 27 支手枪。在上海，6,000 人所拥有的武器只够 150 人使用。1923 年德国无产阶级百人团的人数虽然已经达到二十五万，但只有少数几个百人团是有武装的。鉴于在暴动之初缴获敌人武器十分迫切，向现行政府的武装部队进行渗透就是至关紧要的。1917 年彼得格勒一个亲布尔什维克警卫团的出现就是因为有恰当的宣传准备作为保证。

由于在任何革命起义中，参加起义的广大普通成员都是由在强大的感情压力之下艰苦战斗而又比较缺乏经验的战士所组成，所以起义的计划必须做到能在顷刻之间产生引人注目的成就。1923 年的汉堡起义，就是因为事先做好了周密的计划，突击队员们才得以在几个警察所制服敌人，夺取他们的武器。而且不久以后，工人们聪明地采用从后面挖沟筑垒的办法，截断了一些令人害怕的坦克的后路。

为了取得群众的配合，要求对起义时机进行周密选择，以便适应人们的心理状态。在雷维尔，领袖们甚至到了起义前三天工会领袖特隆普被人枪杀时还没有发动群众起来抗议。群众对事态的进展情况茫无所知，结果犹豫不决，不敢发起攻击。彼得格勒布尔什维克政变的成功，部分原因就在于形成了普遍期待胜利的气氛。广告和报纸都不断就群众怎样夺取政权的问题提出询问。最后起义的时机选择在第二次全俄代表大会在彼得格勒开会的时候，这样大会很快地就担任起了临时政府的职务，连发起一次总罢工都没有必要了。

当事先预料到暴力行动对人们的态度所产生的影响与行动本

身的直接客观后果不相称时，在这种情况下暴力行动就变成了“用事实作宣传”。刺杀就是这样的例子。统治当局在对待向它行刺上所表现的恐惧，影响了对这种寻求结果的方法进行冷静分析的态度。像写给都柏林总督金伯利勋爵的一封著名信件里面所表现的那种超然态度是很少有的。信的开头说：

“我的勋爵，我们打算明天在基尔达街拐角处把你杀掉；但是我们愿意告诉你，这里面不包含任何个人因素。”

“用事实做宣传”的合适目标是那些干掉此人会使敌人陷于惶恐万状，并会削弱拥护现行制度的人们之统一意志的人物。有时为了使一个专横霸道的官员继续挑起人们对现行政权的愤慨，从而使其为分裂或革命事业服务，也可以叫这种人暂时活下去。有时候，刺杀行动的目的在于表示抵抗是可能的，或是在于打破敌人不可战胜的神话，或是为了煽起群众动乱。

但是，现在看起来，如果认为有选择地进行刺杀达不到它作为革命宣传手段的目的，倒是更为合理的。1879 年在俄国成立的“人民意志”组织就是企图依靠恐怖主义来煽动群众。然而事实上的恐怖分子往往都是一些出身于破落绅士家庭的人，这些破落绅士往往把个人浪漫主义当作社会抗议手段。农民并没有起来；这就是为什么恐怖主义战术落得声名狼藉的原因所在。

但是，对于反对把刺杀作为一种宣传手段的意见也必须加上一个重要的限定。刺杀和牺牲的志愿的表露对民族主义的精神业已起到促进的作用。这种激烈的行动可以使来自国外的对统治精英(the ruling elite)的对抗集中到一个焦点上。外国的精英可以抓住这样的机会来进行干涉。这一点，至少在 1903 年马其顿内部革命组织起而反对土耳其，不断刺杀政府官员时，得到了证明。

很明显，使用刺杀手段以排除对自己有危险的人物，不论对现行制度的攻击者或是保卫者来说，都是可取的。但是，在这些情况中往往包含着宣传以外的其他考虑。

与刺杀的情况相同，在恐怖行动中，宣传目标也居于首位。公开行动的时机都被选择在能够产生最大可能的心理效应的时刻。恐怖必须是迅速而又冷酷无情的。只有毫不延误地消灭某些敌人才能使反对者陷于瘫痪，才能在以后拯救许多人的生命。秘密性也是必不可少的，所以才进行夜间逮捕，而且在捕后几个星期或几个月内都不向他们的亲戚朋友透露任何消息。在1918年刺杀列宁之后和1934年刺杀基洛夫之后，苏联当局都有效地使用了恐怖手段。

暴力行动与情报工作相配合的重要性，不亚于与组织工作相配合的重要性，这一点现在已经普遍被接受了。在世界大战中，曾经出现过许许多多因获得有关敌军部队的准确情报而赢得战斗或避免损失的光辉例证。俄国铁路机关内的一名间谍，在战争的最初两个月中把俄国战场上用的密码不断报给东普鲁士的德国参谋部，使兴登堡和鲁登道夫得以充分利用伦南坎普夫将军和萨姆索诺夫将军配合不善的情况，并在马苏里亚恩湖区战役中打了胜仗。情报工作的失败使英国海军上将罗贝克统率的英法地中海舰队从达达尼尔海峡的炮轰战中撤出。当时确信君士坦丁堡必定要陷落的土耳其人已经命令一列满载着政府文件的火车准备开出了，就在此时传来了协约国舰队突然驶离的惊人消息。

正当1917年法国部队的士气由于在显然残忍无情的要求下

被驱使着接二连三地去发动攻势而遭受严重损害的时候，在某一条防线上发生了兵变。在一天的大部分时间中，前线上的一个关键据点只有少数几个炮兵和坑道工程兵在那里把守；但是德国人没有及时发现这一情况，也没有乘机利用这个敞开着的大门。

最高司令部忽视重要情报的事是经常发生的。他们在收到协约国正准备发动一次坦克攻势的报告时，对这一报告所持的怀疑态度，就是证明。在骇人听闻的康布雷首次攻势之后，德国专家们才觉察到，假如进攻的规模再大一些的话，他们当时已经多么接近一次毁灭性的失败了。

反谍报工作的任务是企图把敌人的间谍挖掘出来，这项工作在上次战争中取得了惊人的成就。英国特工人员发现德国在英国的谍报工作是按全部消息经由同一条渠道送出的原则组织起来的。于是，采取对次要间谍跟踪的办法，使全部德国间谍都被发现，而且在1914年战争爆发之初很快地都被监禁起来了。这次对敌人情报工作的干扰搞得十分彻底，以致到8月23日克卢克将军[①]向蒙斯进军的时候，他还不知道十万英国远征大军已经巍然屹立在他的面前。

革命暴动的最后行动必须按计划进行，这项计划必须建立在有关准备占领的关键据点的确切情报的基础之上。这就要求仔细勘察某一城市的军力配备，发现军械库和弹药库的所在地，确定参谋人员、警卫和哨兵的位置，调查最高司令部的电报、电话、无线电

① 克卢克(Kluck，Alexander von，1846—1934)，德国将军，第一次世界大战时任第一军团司令。——编注

及其他通讯设施,研究控制与破坏这些设施的最佳办法,了解军官和士兵间存在的紧张关系,以及这些人对革命所持的态度。

对警察力量以及对城市的重要服务设施,如水、电、照明、煤气、桥梁与河道、主要街道和广场;对敌人主要报纸编辑人员与出版人员的住址;对政府首长、私人工业领袖、银行家及知名人士的住址;对监狱的所在地以及释放囚犯的可能性也需要搜集同样详细的情报。

革命起义中广大起义人员对当地情况的熟悉和详细了解是一项宝贵的财富。当一个千真万确的革命形势被认定以后,群众性起义就因它具有拼死的决心和高昂的士气而显示出优越性来了。广大起义人员由于对当地地形地物了如指掌,便可以把它有效地运用在躲藏、狙击、突然袭击和迅速逃跑等各种行动上。本地的警察也和他们一样地熟悉情况,但是这些人可以在突然进攻中一举被消灭掉。步兵在进行巷战中不熟悉地形,它通常习惯于大单位和较有秩序的运动,而作战效能则较差。对小分队可以把他们和他们的军官孤立开来,也可以把他们争取到革命一边来。

由于在战争或革命中,执行危险任务都极大地依靠执行人员的动机和技能,因此对人的选择和处理就是非常重要的问题。首先要考虑的问题当然是他们对精英所宣扬的意识形态或神话是否忠诚这一点。因此苏联军队对那些来自工人或小农阶级家庭的人员进行专门训练;而对前政府官员、教师、医生、商人或工厂主的儿子则只让他们参加一些辅助性的工作。德国军队主要依靠健壮而忠诚的农民,尤其是那些与工业和城市骚乱有关的军事职务更是如此。帝俄军队为了防止士兵与驻地居民之间往来与亲善,在紧急关头依靠哥萨克骑兵。奥匈帝国则注意使各个少数民族混合在一起，在普通士兵中依靠农民而不依靠无产阶级。

革命家们已经学会了更多地依靠少数富有经验的职业革命家，而不是那些变化无常的大量浅薄的涉猎者。这就是列宁对革命实践的主要贡献之一。

由于暴力行动使每一个人随时都有面临死亡的可能性，付给金钱报酬的做法显得有些自相矛盾，所以要努力提高的是心理报酬而不是物质报酬。因此要强调“荣誉”，强调颁发嘉奖状和勋章等带有充分神秘力量的做法。这样做既可以减少维持一定工作量的费用，又能避免把太多的思想花费在计算冒险与效益之间的比例上。为了培育重视荣誉的精神，苏联军队制度规定了十三个等级的荣誉称号。现代各国军队都已经开始依靠荣誉和实行系统的思想灌输作为对操练和处罚的一种补充。

显然，暴力行动的高明使用有赖于社会变化不断地成为影响战斗效能的条件。近年来，毒气的出现已经使现行制度的受益者和挑战者之间的势力平衡发生了变化。当权者们由于考虑到炮击的办法会引起人们的愤怒和对革命行动的支持，对使用炮火以毁灭整个区域内的男女老幼已经表现出犹豫不决了。这样一来，炮兵部队的任务绝大部分就仅限于破坏巷战中修筑起来的街垒和路障了。骑兵在狭窄的巷战中实际上没有用处，因为它给狙击手们提供了明显的射击目标。在广场上对没有武装的群众进行冲击时可以使用骑兵，但是除此之外，它就只能用于交通上了。坦克和装甲车在进行巷战时具有足够的机动灵活性，它们也不怕步枪和机枪火力的射击。但是，有些时候它们能被炸弹所阻拦，也能被街垒截住。飞机能用于侦察。它们的炸弹和机枪火力可以清除反叛者的机枪掩体。它们发出的噪声可以使没有受过训练的平民百姓丧失勇气。

但是，正是毒气的发展使当权者掌握了既能破坏分散抵抗而又不造成大屠杀的手段。使用毒气，既可以解除造反者的战斗力，又不会屠杀整个区域内的居民。可以肯定地说，除非充足的毒气可以事先储备起来或者立刻缴获过来，对合法当局进行巷战已经完全没有用处了。但是，这可能只是一个暂时的情况，因为花钱不多的毒气防御法总是要被发明出来的，到那时战斗效能的均势又会回到原先的位置上。

显然，暴力行动不论用在战争、分裂或革命中都必须从属于它本身作为其中一部分的那个全面行动。施虐狂行为的欢乐必然要受得失考虑的遏制。在一个可能性受到限制的世界中，很少有“绝对的暴力行为”。暴力只是在正在发展着的形势下为达到某些目的而使用的一种方法。对于在行动的成功上起决定作用的那些人们的态度必须认真加以保护。为了使破坏力量在关键部位上占据优势，必须使暴力行动与组织、宣传、情报各方面的工作配合起来。必须对精英的个人代理人给予特别的注意；还必须特别注意任何社会变化对不断变化着的战斗效能所具有的意义。

第四章　物资

精英运用物资进行攻击和防卫时所采取的形式是毁坏、扣留、摊派。此外，还有阴谋破坏或停工；罢工、抵制、黑名单、不合作；配给、定价、贿赂。毁坏财产与对人身使用暴力有非常密切的联系，因此在本章中将不对其进行特别讨论。本章的讨论范围只限于扣留和摊派。

很明显，一个精英如果不能使自己与经济繁荣联系在一起，他是要受到内部攻击的。不断上升的不安全感将会毫无理智地朝着现行制度的各种象征及其实际措施发泄出来。这样造成的结果可能不会比在路易斯安那州某一民主党教区内以汤姆取代比尔，或是在一个像肯塔基这样的边界州①中以共和党人取代民主党人影响更为广泛。但也可能像在德国(1918)那样，牵涉到一个政府的革命性变动，或是像在俄国(1917)那样在社会组织中引起一场革命变化。现代社会中，经济生活的振荡变得如此明显，以致精英的安全已经和物资与价格的波动紧紧地结合在一起。所以，我们不得不集中力量来讨论有关“经济”关系的战略战术问题。

① 边界州(border state)，指在美国南北战争期间，那些有合法奴隶制度、与联邦妥协并未脱离联邦的州。——编注

指导物资和服务的流动主要有两种方法，精英就是从这两者的结合中去寻求自己的安全。我们可以把**配给制**和**价格制**区分开来讨论。所谓配给，就是以消费或供生产中使用为目的而对特定物资和服务所实行的分配行为。定价则是对物资和服务的非特定需求所实行的分配行为。

现代武装部队广泛地依靠配给制。可以将特定堡垒、特定驻地、人口中的特定年龄等级、特定训练场、特定工厂、铁路、机动运输、飞机等配给从事暴力行动的专门人员。把军服、枪支、食品配给士兵；事先规定好他们的活动日程。

除配给的物资外，最高司令部还可以把许多非特定的权利要求（美元、英镑、马克、法郎）提供给他们支配。一定单位的购买力是一种非特定权利要求，因为可以把它用去购买人力或物质装备。

在资源的使用中采取配给制度，往往证明效率是很高的。特别是在紧急状态下，统治精英更习惯于依靠这种控制人民行动和态度的方法。平民百姓可以得到能取得特定数量的特定物品的食品证。当然，配给制的首要目标常常是为了控制集体态度，而与其口头上宣称的目的毫无关系。例如，在世界大战中美国鼓励实行食糖自愿配给制。其目的在某种程度上是为了节约本来要用于从古巴及菲律宾进口粗糖的运输，从而增加运给协约国的食糖量和装运量。但是，更重要的目标似乎是为了把关于作战具有迫切重要性的思想带进广大美国家庭妇女的日常生活中去，从而也带进整个国家生活中去。

配给制最明显的弱点在于它可能使不满情绪集中到那些对实行这种制度一望而知负有责任的统治集团成员身上。迟缓的、愚笨的或鲁莽的行动发展到严重程度时，都可以损害合法当局的威信。人们已经注意到，战争期间德国食品管理局颁发的食谱曾多次产生荒唐可笑的结果，以致使许多头脑简单、原以为国家机关一贯正确的人的信心发生了动摇。

价格制的确具有配给制的许多缺点。当劳动和商品的价格是由统治集团中一些著名成员所确定时，责任也集中在这些人头上。规定价格的办法和配给的办法一样，都可以有效地剥夺个人的取舍自由。假如确定价格者把工资和薪水定得很低，或者把商品的价格定得很高，人们就会把钱首先花费在食物等必需品上，剩余的钱就不多了。除此以外还可能用征收直接税或间接税的方法来限制个人的取舍自由。还可以把捐款或认购债券说得似乎非常必要，以致使个人受到严格的限制。

然而，价格制可以起到蒙蔽社会眼睛的作用，使人们看不到物资分配的责任在什么地方。这就减少了公共统治集团或私人统治集团中某一官员被人们视为共同不满的目标的可能性。如果价格是在市场上由许多平等的参加者在讨价还价过程中决定下来的，那么价格看起来就不是任何一个特定的个人所能控制的。物资的分配似乎是一种谁也不能负责的客观进程的结果。

当自由竞争市场的日常事务进行得顺利平稳时，似乎有一只"看不见的手"在操纵这些事务的结果，而这只手是长在一个没有血和肉、发现不了、无法向他表示谢意，或者发现不了、无法将他千刀万剐的人身上的手。未经任何行政机关公布、未经任何立法机构通过的"供需法则"似乎早就设置下了那些让人的努力按照预定路线通过的狭窄通道。

谁都知道，互相讨价还价的平等者之间的竞争性市场并没有站稳脚跟。通过这种“非人”媒介进行的物资分配在许多社会中也未能达到普遍的满意。有时候控制供应的人（如地方电话公司）似乎占上风；有时候控制需求的人（如面粉公司）似乎在交易中起支配作用。在资本主义国家中，大企业界和大金融界私人统治集团的发展已经成为人们注意的中心。因此，不满情绪往往对他们发泄。有一阵子，私人统治集团企图把责任推卸给政府，靠攻击公共统治集团来拯救他们自己。

但是，对私人企业这种现代资本主义国家中最有势力的精英集团来说，辱骂政府是一个危险的把戏。辱骂政府要损害合法当局的威望，使对现行制度给予默认的习惯遭到破坏。

解决公私统治集团之间矛盾的最严厉的方法是俄国废除私人统治集团的做法。强有力的决策大权归属共产党的政治委员会。然而，相互对立的观点仍然存在；工会组织的成员要求给予工厂工人比农民更好的条件；一些人要求生产更多的资本货物，而另一些人则坚持要求生产更多的消费货物。可见社会生活的政府化并没有消除因生产上的不同要求而产生的各种矛盾。

但是，苏联的管理方法证明，在一个已经政府化了的社会中价格制能够补充配给制的不足，甚至能够取代配给制。在那里，物资的分配是通过配给和定价的复杂结合来进行的。通过配给可以对“不良分子”的有限供应品实行扣留，使他们在饥饿中死亡或屈服。通过定价可以对制度中的配给成分进行掩饰。例如，可以对鸡蛋实行定价；但是如果突然决定要在外国市场上倾销鸡蛋来获取外汇，则鸡蛋可能脱销。由于定价和配给的多种复杂结合，可能出现同一商品同时存在几种不同价格的情况。只有对每一种孤立情况从配给方面进行详细调查才能对价格等级上的惊人差异作出说明。工厂供应门市部的价格和“公开”市场相比可能要低一些，但是，进入工厂门市部是要受限制的（配给的）。在外国工程人员、本国工程人员、高级官员和党员、低级官员和党员、熟练工人、半熟练工人和不熟练工人、农民、完成定额的工厂或农场的工人、未完成定额的工厂或农场的工人，以及其他一系列各式各样不同人员进入购货的商店里都维持着不同的价格等级。

采用这种混合的分配制度，在物资紧缺的危机时期可以防止可能出现的强大的联合抗议行动。在这些时候，物资的有或无成了人们谈话和幻想中最有吸引力的主题。服装票给了“持票人”购买一双鞋的权利；但是，商店里有没有鞋呢？食品票给了一个人购买“黄油”的权利；但是，已经两个星期没有“黄油”了，也许连“代黄油”两天前都已售光了。把卢布或马克或里拉存起来，到黑市上投机商那里去碰碰运气不是更好吗？

在特定情况下，全体居民都可能会像一些烦躁不安的动物一样，变成一群群只关心面包皮、对抚摸和踢打同样反应过敏的牲畜和禽兽。在资本主义国家的“不景气”时期，失业救济的人口，在飘摇不定的命运和到处滋生的官僚式拖拉作风、小恩小惠、小惩小罚等令人沮丧与浪费时间的各种弊端影响下，自力更生的精神和集体自强的能力都大为降低。

很清楚，不论在苏联还是在美国，定价法和配给法都是可供任何精英使用的方法。在“风平浪静”的情况下，定价是最安全的办法，但是，在不满的风浪即将来临时，就需要采用配给法作为补充，这一点也是很清楚的。

人们曾一再强调指出，资本主义制度令人烦恼的困境之一是竞争具有转为垄断和打破曾为这种制度带来这么多好处的“非人格性”防线的趋势。诚然，垄断也要屈服于竞争，但是总的说来历史运动最后总是朝着统治集团的方向运行，不管是公共或是私人统治集团都是一样。这就意味着越来越多的价格要受“行政上的控制”[加德纳·米恩斯]，而不论这个行政统治集团是公共的还是私人的。这种结果并不是“平等者”之间在市场上通过讨价还价的方式所达到的。

考虑如何保全资本主义社会这个问题的方法之一就是对这种发展的后果作出判断。在不景气时期，从行政上加以控制的价格往往可以被维持在一个较高水平上，而通过竞争决定的价格则要下跌。在美国，不景气初期工业制品的价格比农产品的价格受到更多的行政控制。例如，电气产品如电话机的价格保持平稳，而农产品则经常低价出售。随着金钱收入的下降，农民为了把可能变钱的东西都变为现金以便交付税款、利息以及其他用现金支付的债务，转而增加他的生产。这种充斥市场的趋势进一步引起农产品价格下降，并限制农民购买工业制品的能力。

有没有可能谱写出一部支持对过分刻板的价格和过分灵活的价格加以和平调整，使法定利益与感情利益(vested and sentimental interests)相结合的协奏曲呢？

资本主义制度下经济生活的巨大不稳定性最近被追溯到私人商业银行任意创造流通手段的问题上。商业银行的营业方法一直是只把少量用以支付债务的现金储备保留在手上。一家银行贷款十万美元的典型办法是为借款人建立一个存款账号。这笔存款增加了银行的负债;但是这项贷款同时又以十万美元加利息的数额增加到资产(应收账目)上。银行假设这笔存款不会马上被提取,就能够把这十万单位中的大部分再次借贷出去,这样就能开立另一户存款和另一笔资产。

这种扩大流通手段的方式所产生的结果就是建立起一个以不会在同一个时候全部提取的假设作为基础的分散的和金字塔形的庞大权利要求体系。也就是说,假设在某一个时候参加经济过程的人中只有一小部分是需要现金的。假如每一个人对待这个关于流动资产的基本假设的态度都严肃认真到足以证明假使所有的人都照此行事,假设就不灵了的话,那么这一整套相互关系的上层结构也就垮台了。

工业与财政资本主义的这些发展已经产生了许多早期资本主义制度的宣扬者们显然没有预料到的后果。例如,人们认为"节约"和"消费"理所当然地是两个不会同时出现,而是一先一后出现的彼此不同的过程。这种看法对一个年收入 2,000 美元,懂得如果他节约 500 美元,他就要削减消费 500 美元的人来说似乎有点道理。然而哈罗德·G.莫尔顿提出争论说,把这种思想方式移植到集体过程上去是错误的。他把"资本"一词用于泛指"工具、用具、机器、工业建筑物、铁路轨道、发电站以及其他在生产过程中帮助人们的具体物质器械",证明资本快速形成的时期与消费快速增长的时期是同时出现,而不是先后出现的。这就意味着资金流向投资市场并不自动地增加资本设备的建设。莫尔顿的分析证明,二十年代经济繁荣时期进入投资市场的节约存款抬高了证券的价格，却没有引起厂房和设备的成比例增长。最可能出现这种情况的原因在于商业银行任意发放信用贷款。

因此，有人提出建议，用取消商业银行和使存款与投资职能分开的办法来改造资本主义经济的办事常规。实现这个建议的办法是要求对所有的付款要求和短期存款都必须保有百分之百的储备金。这样，投资就能代表“真正的节约储蓄”。还可以预期，最重要的不稳定根源将会因此消灭。现在还不清楚，排列在这个建议后面的、什么样的法定利益和感情利益的结合会不至于对某些政策（如政府直接造成通货膨胀）起到抵消的作用。但是，在最近的不景气中，这个建议在美国已经开始变成实际政治行动了。

个人与特定情况之间的联系日益减弱，是与现代经济的不稳定性和流动性有密切关系的一个方面。当我们说一个封建家庭拥有房地产时，这种关系被很不恰当地用“拥有”一词来表述。特定的田亩、村民、仆役、房屋、粮仓、大车道等都具有丰富的传统含义。但是，这种与特定财富之间的极端附属关系由于现代工业和财政的发展而大为减弱了。一个今天还经营着巨大的小麦农场的人可能明天就把它卖掉，转而从事仓库、谷类加工或信托行业。他很可能对将特定的田地遗传给他的后代不感兴趣。

对利润的追求导致从一种权利要求迅速转到另一种权利要求的各种方法的发现。这就形成了权利要求流动性不断增加的局面。

通过对一些假设在较短时间内能够兑换的债务或权利要求的考察便能做出对流动资产总额的定量估计。在交易所挂牌的股票和债券都可以列入计算之列，因为通常一般的贸易活动都可以认为是一种使这些权利要求立刻兑现的途径。银行存款应当包括进去，因为这些存款代表银行对存款人所负的即刻付款或应在短期内付款的债务。人寿保险单的退保现金被认为是按照一种在通知后几天之内付款的借款办法付给保险单持有人的借贷金额。

显然，如果能把兑换现金的数额保持在有限范围内，以上所说的各种维持流通的安排是可以平安无事地完成的。但是，只要所有的银行存款都在同一时间被提取，所有的债券和股票都在同一时间出售，所有的人寿保险单都在同一时间办理退保手续，或者所有的债务或权利要求都在同一时间强迫收交，那么，全部结构就将陷于停摆的状态。经济“大恐慌”中出现的情况恰好就是这种停摆的现象。而这种功能失调的严重程度如何又是与上层结构的复杂程度成正比例的。

伯利和佩德逊二人曾对流动的权利要求与国家财富的比率进行过分析。其数字在1880年为16％，1890年为15％，1900年为18％，1912年为20％。十年的战争使比率上升到25％。1930年时的数字是40％，到1933年，也就是不景气的第三个年头，比率数为33％。

这种人与物资关系上的巨大变化使个人对特定财产要求权的依恋关系逐渐受到损害，同时也削弱了权利要求（所有权）和管理工作间的联系。在私人企业的初期阶段，所有权和管理之间的联系曾是很密切的；但是这种情况很快就减弱了。所有权要求经常变为多半是纯粹形式上的对长期非特定收入的失去个性的权利要求。保证收入是最关紧要的考虑；管理机会是次要的问题。这就产生了在那些困难年代中对有保障的收入在需求上的快速增长。这也产生了由于企业失去个性所造成的深刻的心理上的不安全感。

资本主义经济生活动荡不安的状态，从遇到任何不利情况就要产生对现行制度的幻灭感这个意义上说，具有自我毁灭的性质。然而，过分夸大资本主义的自我毁灭倾向也是一种错误。动荡本身同时具有自我破坏和自我缓解两重作用。在经济繁荣时期，个人或他的下属人员的命运似乎是掌握在他自己的手中。基本上不稳定的情况使商业具有一种像是游戏或像是犯罪一般的迷惑力。说它像一种游戏，是因为它的成功取决于运气和能力的结合；说它像一种犯罪，是因为它的成功部分地取决于行骗。从一种观点看，资本主义社会是一个巨大的信心游戏，因为它是靠古怪离奇的希望来维持生命的。在一个生来就注定会使大多数人失望的经济制度中，千百万人的心在大发横财的前景引诱下剧烈跳动。

经济繁荣时期，纽约股票交易所里“没有安全保障的价格”给千百万人手中塞满了大量的证券财富；但是，整个这桩事情似乎总是有点儿空虚不踏实。尽管出现了一批著名的“新时代幸运儿”，却还是存在着令人难以置信的气氛。这种气氛使幻想破灭所产生的震动有所缓和。从未爆发过道德上的强烈反感，因为从一开始就存在一种深刻的怀疑，认为成功与道德无关，而是与运气、办事精明和骗术有关。成功在未被戳穿前是一场“辉煌的闹剧”、一次“乘汽车兜风”、一次“时髦的狂饮”。一个精于讨价还价的美国佬至今还受人称赞，因为他善于使用他的脑子去瞒过别人，这种对相互进行诈骗所取的满不在乎的容忍态度是资本主义社会的一大特点。

还有，在繁荣时期，自幼养成生活勤俭、节约和努力工作的人们慢慢习惯于奢侈和纵欲的生活方式。但是，他们中间有许多人都逃脱不了初期良心的谴责。当形势转变时，逆境又产生出令人满意的效果：一个人忍受不景气中的困难却补偿了良心上的要求。

在经济繁荣时期，居民用来取得成功的行动和思想方法与不景气时期那种有效的革命行动是不相同的。在繁荣时期，个人在私人打算，在对自我努力之后报酬将会随之而来所抱的期待，以及在因个人负责而产生的个人主义自豪感等各方面的信念都得到巩固和加强。但是群众运动则依靠把个人和集体的象征、集体的要求、集体的希望融为一体。个人主义者会把个人主义的生活方式带到不景气时期中，并且坚持下去；迄今为止，在主要国家里资本主义具有复原的能力。资本主义的动荡似乎会在它的扩张中产生出使它能在崩溃中得到保全的心理保障。

然而，在自我恢复这个问题上，是不存在任何事先注定的东西的；现在流行的关于保护资本主义制度的各种方案都被迫转而依赖一些在该制度一切障碍存在的条件下能从这个制度内部调集起来的各种动力和技能。

资本主义国家中普遍存在的财富与收入分配上的显著差异不断地产生出挑起向资本主义制度进攻的各种因素，而这个制度又容许他们继续存在下去。这样就生成了经济繁荣时期不满情绪的低音和艰苦时期抗议的强音。就分析的目的而言，把稳定资本主义的问题和拉平收入的问题分开来处理是可能的。但是，那些拿到最大收入的人通常却认为支持那些其客观效果会助长不稳定性的措施符合他们的既得利益，这一点也是很明白的。这就是资本主义培育起来的富豪统治在其政策上存在的内在矛盾。让步的政策显然是在长远考虑的支配下制定的；但是有些什么能够导向法定利益和感情利益充分集中的中间步骤呢？在本书以下的讨论过程中，我们还将不时回到这个问题上来。

由于统治精英通常掌握着物资的支配权，领导群众的反对派精英必须更多地依靠宣传，而不是物资或暴力。群众的潜在经济实力或战斗实力可以通过耐心和持久的宣传将其集中起来。

物资的控制在一定程度上，对任何革命都是至关紧要的。但是，在实际夺得政权之前，控制物资的重要性更多地表现在象征方面，也就是宣传方面，而不是特指的经济方面。

在消费、生产及其他集体活动中拒绝合作向来是被剥削者的一个主要武器。有时候抵制会引起社会对被剥削者们的处境的注意，唤起对他们有利的行动。1920年阿姆斯特丹国际工会联合会因反对匈牙利政府对劳工实行镇压，号召抵制匈牙利货物。结果把从前被压制未予发表的关于“白色恐怖”如何向那些与“赤色恐怖”有联系的人进行报复的报道带进了世界新闻消息之中。1909年中国人对美国货的抵制在美国为中国人赢得了一些支持。那次抗议是针对据称在美国的中国人受到虐待而举行的。

在某些情况下，民族主义的思想感情通过抵制和罢工得到了巩固。1919年中国民族主义者曾因反对把青岛划归日本而组织过一次抵制行动。早在1905年印度人即曾抵制过英国货物并开始鼓励国内的生产。近年来甘地领导的广泛的不合作运动也只是因为不合作的实践早已深深铭刻在印度的文化之中，所以才能在那里出现。一直到今天在印度还存在一种公认的做法，一个受邻居欺侮的人跑到这家邻居的门口去静坐，一直到饿死在那里为止。

这种赤裸裸的威胁常常有用，因为如果受害者真的死在那里，据说他的阴魂要缠住作恶的人。

在某些时候，人们曾把总罢工当作一种进行社会革命的方法并对它的有效性寄予很大的期望。但是这种武器的效用看起来似乎是有限的。如果总罢工是由劳动组织代表社会上其他阶级的普遍要求而发动起来的，有时候它能取得成功。被当作劳工的胜利而受人们热烈欢呼的1893年比利时总罢工，就是为了声援得到中产阶级同情的扩大选举权的要求而举行的。其他一些总罢工，如1909年的瑞典总罢工，则由于没有得到其他阶级的支持而归于失败。实际上，所提出的要求越是专属“无产阶级的”，就越使更多的社会阶层集结到反对罢工的自卫行动方面。所以一次总罢工必须或者是一次短时间的示威性罢工，或者是加强一次重大的革命危机、一次暴力行动、一次夺权行动。1926年英国总罢工就明明白白具有这种意义。参加罢工的各工会碰到了政府高呼“内战”的惊叫；懂技术的学生和其他志愿者为了避免重要社会供应发生严重混乱积极参加开卡车及其他重要服务工作，干得非常出色。1917年的总罢工在莫斯科危机正处于高峰的时刻是一件很有用的武器，虽然在彼得格勒它是多余的。1920年柏林卡普暴动[1]在一次总罢工的打击下遭到失败。但是卡普暴动的冒险者们当时并没有得到广大社会的积极支持。

从失败和不景气中产生的、并被新的正在上升的社会组织解

① 卡普暴动系1920年3月由保守派政治家卡普发动的一次反对魏玛共和国的兵变。——编注

释为合理的不安全状态,像声势浩大的海啸,精英集团在尚未被它碰得四分五裂和名誉扫地之前,对于罢工和抵制这样一些拒绝合作的行动说来,仍然是牢不可破的。

从与敌对的外国精英集团的关系上看,一个精英集团的对外地位要受它对商品和服务的控制情况的严重影响。物资既是战斗潜力的量度,又是战斗效率的工具。进行战争取得成功的一种方法就在于运用物资去引起敌国人民的不满,去争取同盟者、维护中立者和加强国内的士气。在一次危机中,全社会的资源都危如累卵,只有从一个统一的应急政府中才能得到改善。

在世界大战中,协约国的封锁使同盟国慢慢地被绞杀。封锁减少了橡胶、锡、棉花、铜、润滑油和油脂的供应。这些物资的差额通过代用品只能部分地得到弥补。从煤炭蒸馏中提取出来的油类代替了用石油做原料的润滑油,食品和服装不断更改。但逐步趋于严重的物资短缺,就像悄悄蔓延的麻痹症一样,损害了居民的体力和士气。

富裕国家对它们的同盟国家提供援助的程度从下列数字中可以看得出来:

英国贷款	8,770,000,000 美元
法国贷款	2,817,000,000 美元
美国贷款	9,523,000,000 美元
德国贷款	2,047,000,000 美元
总计(加上其他项目)	23,660,000,000 美元

在精英之间进行的对物资控制权的竞争，在平时几乎与在战时同样重要。在十七世纪和十八世纪中，与重商主义有关系的理论和政策造成了征收差别税和禁止敌对国家产品的结果。战争结束时签订的和平条约常常包括或附有规定取消禁令、放弃征税以及有时给予最惠国待遇的关税协定。友好国家彼此间用特惠关税联合在一起，1703 年英国和葡萄牙间的梅休因条约就是一个显著的例子。

雅各布·瓦伊纳得出结论说，在十九世纪中，虽然关税继续被用作施加压力的手段，但关税政策与外交之间的联系却更少了。意大利和法国之间一系列旷日持久的纠纷从 1888 年一直延续到 1899 年。世界大战后，自给自足的趋势引起实行进出口许可证、限额和应急条件等办法的普遍采用。在行政上甚至违反法定义务采取海关任意估价、在进行政府购买与签订合同中抵制外国货、在卫生条例的掩饰下对动物及蔬菜产品的进口实行封港禁运、对国内商品给以优惠运输价，以及其他手段实行歧视。

对战斗效率的考虑在一定程度上也支配了对外国投资的流动。然而世界大战前，英国的海外投资受这种考虑的影响却比较少一些。这些投资的价值，在 1914 年为 200 亿美元，约占英国国民财富总值的四分之一，成为世界输出资本最大的集团。在法国这种对世界不安全状况最敏感的国家中，对战斗效益的考虑在海外贷款的分配上所起的影响也较大。1914 年法国对外投资总额为 700,000,000 美元，为国家财富的 15%。这些投资和英国的投资相比，更多地集中在政府及市政债券上，英国投资通常以私人企业为主要对象。梅尔基奥尔·帕尔伊注意到法国对外投资中有一半是投给世界大战中法国的同盟国或一些预计将成为同盟国的国家的。由于拒付债务或其他与世界大战有关的情况，法国损失了海外投资总额的三分之一左右。英国海外资本的所有权减少了四分之一左右，主要原因是美国证券撤回本国去了。

有许多参与资本跨国运动的交易将特殊的权势授与了贷款的国家。这些特许权或特权的范围，从税务豁免、贷款收益应使用在贷款国的协议，直至把军事、外交与财政控制权转交给贷款国的国民或政府。当借款国家不掌握西欧文明的技术，当它的政府不稳定或是当借款国政府直接承担有对外义务时，这些渗透手段是最常见的。经济渗透依靠的是可以用于投资的相对资本剩余。由于战前的俄国在各大强国中是唯一工业不发达的国家，所以她的贵族地主阶级赞成直接吞并，而不主张经济渗透；这正如在 1861 年以前，美国南部许多州的土地所有人企图把美国的疆土向西南方向扩展。

人们还会记得，世界大战打破了世界范围的分工，代之以两个自给自足的体系：一个由同盟国组成，一个由协约国组成。世界市场的扩大产生出大量矛盾与冲突，这些冲突把利润的追求推到了幕后，把作战效能的考虑放到最前面。这样就产生了对无懈可击的地位的追求，每一个国家都企图通过控制自己的钢铁和食品生产中心来达到经济上自给自足。欧洲的分裂和削弱在一定程度上降低了对商业化和工业化程度较低的民族的压力。这种情况有利于远离欧洲的强国（如日本）的扩张。代替一个日益扩展的世界经济的是一些范围逐渐缩小的地方经济。生活标准的降低加强了不安全性，不安全性的加强威胁着传统制度和从这个制度中得到好处的精英们。时间拖得很长的危机使资本主义社会中私人的与公共的统治集团并存的双重制度处于危险之中。大企业和金融界的精英们发觉他们自己受到那些擅长操纵群众的鼓动家和只考虑荣誉而不考虑利润的军事家们的威胁。

一个特定社会的精英们,在来自内部和外部的双重威胁下,只好借助于对基本物资和服务实行先集中控制,然后分散控制;先配给,然后定价的摇摆政策,来达到有时劝诱、有时胁迫、有时转移目标的目的。由于物资和服务集中在公认的精英手中,发起挑战的精英们处在不利地位上,他们以停止合作为手段,增强不满者的权力意志。

第五章　实际措施

任何精英的优势地位都部分地取决于他所采用的实际措施的成功。这些措施包括所有吸收和训练精英的方法和所有在制定政策和实行管理中所采取的形式。成文或不成文的宪法体现着据认为对政府或社会制度最具根本意义的那些实际措施。立宪主义是对待书面文字效力的一种特殊态度。沃尔顿·H.汉密尔顿指出："这是人们为了表示对正式写在羊皮纸上用以维护政府秩序的文字的力量所寄托的信念而专门给予的一个名称。"

由于实际措施是包含在一个变化着的整体中的一些可变的细节，公认的精英可以通过发泄或调整利用它们来保卫自己。发泄是一种无害的解除紧张的办法，可以通过像对丧失亲人者表示关心这样一些谦恭的办法来促成。一个聪明的统治者对社会的灾难要表示关心和照顾，对幸存者要表示及时而强烈的同情。不管是地震、涝灾、飓风、旱灾或是瘟疫，其所造成的不安全感都会对社会秩序带来严重的潜在危险。所以，绝不允许愤恨的溃疡在孤独悲伤的气氛中滋长。慰问加面包的效力远远超过光给面包的效力。节省面包比节省慰问更为安全。

为了达到利用发泄和细小调整来进行防卫这一目的，合法制度可以依靠对其本身的细节进行再安排的方法来实现。在十九世纪和二十世纪中，资本主义国家都曾利用对公共机构进行细小修改的办法来防止革命的混乱。民主化和教育的手段曾在一定程度上把注意力从作为基础的财产制度转移到其他问题上。不满情绪慢慢消失在争取普遍选举制、比例代表制和自由公共教育制的各种改革运动中。资产阶级革命并没有一举把公民选举权的不民主的形式废除掉，而是通过拖了很长时间的一系列微小的进步才完成的。

法律地位上的各种无资格状态是以巨大的改革热情和活力作为代价才缓慢地被清除掉的。1833 年就已在英国殖民地开始的解放被白人役使的黑奴的运动到 1888 年通过巴西法案时才算完成。在各大强国的非洲势力范围内长期允许各式各样家庭奴隶制度存在，但是贩卖奴隶的行为在 1890 年的布鲁塞尔公约内已被宣布为非法。西欧各国中，只有战前的俄国把它的人民划分为具有不同法律资格的若干等级（贵族、教士、市民、农民，外加亚洲人和犹太人）。在德国，农民无资格的最后痕迹一直到 1867 年才完全消失。根据国际礼让和条约，多数现代国家已经给予外国人实际上与本国公民同样的公民权。

在美国，夫妻双方中妻子无资格的状态大约在 1840 年进行立法改革时就开始被取消，英国大约从 1870 年开始效法美国。父亲对孩子的人身控制最早从对残酷行为规定刑事惩罚就已开始被制止了。宗教、艺术、文学和科学各方面的言论自由已经成为时代的潮流。

作为基础的财产制度之所以得到维护是因为不满情绪被倾泄到关于节约立法辩论中去了。资产阶级革命的社会纲领不仅从它废除对市场的限制这一意义上说是消极的，而且从它把注意力转向以立法禁令作为手段来塑造一种资产阶级生活方式的可能性这个意义上说是积极的。为争取物质繁荣而斗争着的人民群众养成了“中产阶级”勤俭耐劳和规规矩矩过日子的美德，而且随着民主的发展，立法政策对于诸如赌博、酗酒和堕落等扰乱性势力变得更加具有进攻性。

由于把赌博、酗酒及卖淫宣布为非法并没有消除这种需求，禁止性法令的主要作用就只是取消了对某些营业机构的法律保护。这些营业机构只好被迫去为保护他们的投资和执行他们的合同提供自己的方法。于是他们就花钱去雇用歹徒和获取政治上的偏袒，在行政管理分散化和国家对城市与地方生活不实行直接控制的美国，由此产生的行政管理上的松弛经常造成“改革浪潮”。

排放对财产制度以外其他事情的不满情绪的另一个安全阀门是宗教信仰复兴。英国的信仰复兴是 1743 年由美以美会教徒开始的。群众情绪、群众集会和在一定范围内的集体行动，曾经在劳工运动的形成上起过相当重要的作用。但是，人们的注意力却偏离了改革和革命的世俗象征。从 1814 年至 1836 年，席卷德国的信仰复兴浪潮向新的城市无产阶级发出呼吁，激励他们去从事表面上的集体行动。在 1837 和 1853 这些不景气年份中美国曾是在苦难最深重的大城市中发生的许多强大福音传道运动的舞台。

当对资本主义个人主义的批评变为实际政治行动的时候，让步就采取“社会立法”的形式。过去曾经花钱为年轻人提供受教育的机会，但是“社会立法”把政府的责任范围扩展到承担照顾养老金领取者、残废者和身心缺陷者部分负担的地步。工业化的许多后果使社会上一些权势集团在情感上受到震动，同时人们还为某些权力正在损害军事效能和群众的工业效率而感到忧虑。

对垄断的惧怕导致对政府所有制和政府经营——至少是政府管理的需求。有权势的营业集团很快发现从管理委员会方面他们损失不了什么东西。在许多情况下，州管理委员会比地方的或全国性的组织更受人欢迎。州管理委员会减少了被管理当局的数目，同时也保留了足够多的机构以防止任何利用政府进行有效的社会化的努力。这些委员会在群众乱发脾气和地方强征勒索面前成了防御的堡垒。国家作为“比赛的裁判员”也有可能因被诱惑而蒙受缺乏远见的损失。

然而，此伏彼起的不满情绪浪潮继续侵蚀着为了保护现行财产安排而修筑起来的各种防波堤。在不景气时期，斗争的战线越来越多地围绕一些基本社会主张所使用的口号和所采取的临时应急措施形成起来。在许多地方，民主政府所能做出的让步已所剩无几。对民主制度的新的幻灭表现在对议会、对旧的人权法案的“纯粹条文主义”以及对民主制度“现实”的更加尖锐的批评上。

A. V. 戴西在回顾十九世纪的变化时得出的结论说，对民主制度的批评意味着民主的任务已经改变。开始时的目标是破坏；一切力量都联合起来去废除各种旧的限制。然而，现在民主的破坏任务已经完成了。它已进入了一个建设的阶段。可是在发现积极目标的工作上却没有统一的立场。

另一种判断形势的方法认为，民主的保卫资本主义的一切可能性都已耗尽了。群众眼中的各式各样民主议会制度正在日益贬值，群众要求把民主用于社会化目的的主张变得更加坚决了。因此，在层出不穷的不满情绪的危机中，民主的实践已经不再能够保护四面楚歌的资本主义了。所以，人们预言，资本主义不久就会放弃民主，转而依靠专政。

每一种新的革命类型都有一套专门为了对付居民不安全感而进行细小改革的庞大节目表。这一点对过去的资产阶级革命是真实的，对俄国革命也同样是真实的。在1917年的大变动中，根本的财产关系改变了，两个主要社会集团(贵族地主阶级和私人富豪阶级)被全部消灭了。有组织的生活现在实现了政府化，眼前用来对付潜在不满情绪的方法不计其数。这样一个统一的统治集团，在它保持着有权能的中央领导的情况下，能够利用将配给改为定价并在必要时又回复原状的办法使敌对情绪从自身转移到别的目标上去。它能够以千变万化的形式出现在社会面前，随心所欲地进行组织、巩固、消灭、重新命名等活动。在私人资本主义制度下曾经是非常悬殊的金钱收入上的差异，可以重新安排在成千种细小的级别中，以便促使个人或小集团做出最大限度的努力。各式各样表示敬意的荣誉称号既可以制造出来，又可以在它沾上污点时将其抛弃。

显然，脱离全局的各种主要特征去孤立地考虑在这个全局中推行的任何实际措施都是没有用处的。精英地位的维持要靠把效率和可接受性明智地结合起来。为了效率而牺牲可接受性是危险的；而容许对可接受性的暂时考虑去掩盖某些低效率方式的长远危害也是危险的。

对一切传统类型的制定政策与行政管理所作的判断都要求从它们在不断变化着的环境中所服务的目的这个角度出发来不断地

予以修正。不论所考虑的类型是专政或民主，集权或分权，集中或分散，职能普遍化或有限化，服从性或首创性，倾向性或客观性，过分重视与重视不够所造成的严重危害都是几乎相等的。

危机要求专政、集权、集中、服从和倾向性。危机的间歇期则允许对民主、分权、分散、首创性和客观性作出让步。

一个新近得到公认的精英集团，在确信它得到了相当普遍的支持时，能够做到使权力的基础民主化，并能在发泄与调整的赌博中把开放与限制当作筹码来使用。任何一个成功的革命政党的成员为了他们在党内的安全和势力，都愿意让他们的朋友加入到党内来，社会上有些人也想靠加入新的“贵族阶级”谋求各种特权。于是，党就因这些没有受过充分思想灌输的党员的加入而削弱了。这些党员都偏向于站在调和与妥协的政策一边来施加他们的影响。这种情况给一个朝气蓬勃的革命党中“死硬的”原教旨主义者们敲响了警钟，并且使得“正统派”和“温和派”之间的矛盾尖锐化。处在党的金字塔顶端的那些人就能够利用这种矛盾来一会儿让某个党员对不久前刚遭到的失败负责，一会儿又让另一个党员承担责任。这样就产生了那种把“动摇的”或“敌对的”人物从党的名册中抹去的著名的“大清洗”。接着扩大组织的过程又开始了。罗伯托·米歇尔斯把革命政党的扩大与缩小称为“手风琴节奏”。随着一种普遍的安全意识的增长，总的趋势是朝向民主化。

虽然在危机中迅速果断的行动较之配合不良和拖延迟误更为安全，但是集权制也有其有目共睹的缺点。为了缓和高度集权所产生的官僚主义后果，苏联采取许多办法来鼓励群众的批评。在工厂和俱乐部里制作了各种墙报。农民来信公开了许多冤情，也有助于发扬首创精神。但是,群众批评只有在精英的地位已经充分稳定的时候才能加以鼓励,这是显而易见的。

为了保证精英能及时得到关于不断变化的不满情绪的情报,现代“态度测验”的方法也被采用。显示不满情绪和不合作苗头的各种资料都被仔细地标列在“精神状态图”上。

某些技术设施的发明使对行政管理工作的结果进行比较成为可能,也鼓励诚实与竞赛的作风。韦布夫妇(西德尼·韦布和比阿特丽斯·韦布)指出,在十九世纪初期,英国政府的工作,不论是中央政府还是地方政府,都被“用人唯亲、贪污腐化和赤裸裸的侵吞公款行为”搞得乱七八糟。这些现象中的大部分已被刚刚出现一个世纪的审计制一扫而空。这种由一批专门的独立专家来对所有公务员的现金业务进行检查的办法已经普遍提高了诚实的水平,也证明了“人性上的习惯”可以大规模地加以改变。

危机消退时,政府可以实行分权。但是分权的办法必须做到在将来发生紧急情况时中央机构能以合法的方式恢复控制,这是很重要的。这就是实行权力下放——即在附有特定保留与将来收回的条件下将广泛权限授予下属当局——的巨大技术优势所在。美国城市团体中有些“内部管理特许证”就显示出真正的权力下放精神。但是从整个国家来说,这个原则的应用范围却受到将特定的和有限的权力授予一个中央机构的这种联邦制做法的限制。这种在起草联邦宪法时曾是对可接受性的一种必要让步的办法后来经常阻碍了通向效率的道路。当危机期中阻挠迅速实行集权的障碍太大时,这种规定就有害于对宪法的尊重了。

和集权的有利程度有密切联系的问题是在立法机关还是代表

大会中组织公共权力的问题。在美国这样的在一定程度上已经免除了外来侵略之恐惧的国家中，立法机关已经变成了进行区域间交易而不是制定全国性政策的渠道。当然，任何全国性政策都含有对组成部分之利益与情绪的考虑在内，这一点也是十分清楚的。但是立法机关所造成的法定利益和感情利益却在草率的拼合而不是精细的结合方面加重了全国性政策的负担。地方立法议员经常为了推进相邻地区的计划而极力促成在全国性问题上达成交易。

这样的后果不一定无例外地都与立法机关有关系。例如，在英国已经达成一系列极为复杂和微妙的协议，从而使有效的行政机关（内阁）只有在一次大选以后才有可能改变。此外还发明了许多处理地方事务的特别程序，从而可以按照全国性政策把它们综合起来。然而，对现代政府来说，也许通过与代表大会而不是与立法机关分享权力的办法来把地方间进行交易的影响减小到最低限度是可行的。

比如，苏联就是通过代表大会而不是通过立法机关来进行工作的。代表大会由人数很多的代表组成，开会时间很短，听一些内容广泛的报告和关于政策的讨论，表达自己的意愿——主要是通过选出一个常设委员会的办法，最后散会。这种代表大会是使中央行政机构制定的政策获得承认的一个重要工具。但是也不必设想代表大会的调子对处于中心位置的人物毫无影响。

毫无疑问，将会作出很多努力，扩大代表大会的影响并把它转变为一个能对苏联的政策和行政机关实行具体监督的机构——许多外国的立法机关已获得这种职权。但是代表大会的权力在苏联可以看得见的将来是否会有很大的增长是值得怀疑的，因为对外来危险的恐惧并未消除，而备战的关键在于集权。

除了实行正式集权以外，还有许多办法可以达到统一行动的目的。“援助拨款”能向地方当局提供实实在在的诱惑，使他们按中央规定的标准行事。编制行政预算的办法能迫使人们对全部公共事业予以考虑。因为与计划工作有关的谈话和实践都要把注意力集中在明确的目标上，从而迫使人们从总体利益出发为地方要求辩护。

不断出现的危机使中央集权，而不是一般的权力集中成为英明的抉择。在 1917 至 1921 年俄国的尖锐斗争中，在损害对立机构的情况下，权势被更多地集中到共产党手中。开始时还允许反对党继续存在，但是随着共产党建立起合法垄断的地位之后，这些党派不久就被清除了。其他有权势的组织，如军队、工会和合作社等全都成了共产党的附属品。墨索里尼和希特勒从俄国经验中学到了一条：坚决地——尽管是逐渐地——把现有的或潜在的组织上的肿瘤予以清除，对实行专政制度是必不可少的。希特勒极其快速地行动起来。1933 年 5 月 2 日，德国旧工会的官员被剥夺了职务，他们的楼房和财产被没收了，他们的会员被合并到国家社会党的一个特别组织里面。几天之内，所有的政党全被摧毁了。同时敌对分子被从政府机构中“清洗”出去，极权国家就这样差不多大功告成了。

当危机在苏联消退下去时，共产党的政治委员会在实际行动中做到了与大致同等的机构分享更多的权力。更多的中心被许可发挥主动性，并能通过主要的党内渠道将这种积极性较为广泛地汇集起来。但是，当一种有威胁力的观念，或者一个发展的机会使

统治精英受到刺激时，毫无疑问，政治委员会还是要继续把全苏联的生活并为一体的。

但是这种集权制在美国是很难实现的。因为美国存在“控制和均衡”的制度，这种制度是在对英国宪法和力学法则所作的某些解释的影响下建立起来的。在国家要求采取行动的极端紧急时刻，总统能使政府中的两个同等机构——国会和法院——变得黯然失色。但是正如W. Y. 埃利奥特最近提醒我们的一样，在威胁消退下去时，为了站在国家政策的立场上维持秩序总统必须主要依靠任命官员的权力。总统不能强迫议员们在与国家利害有严重关系的问题上去争夺他们的议席，这些问题在英国政府中通常是属于英国内阁的事情。联邦政府各个部门之间的冲突究竟在多大程度上使人对民主政府为了集体利益而采取果敢行动的能力发生怀疑，这是一个问题。宪政的声威可能会因为它对行动起了明显的扼杀作用而又一次受到损害。

在危机的间歇时期中，特别是在有组织活动起着决定性作用的现代文明社会中，权力的分散可以按职能线来进行。在美国，职能利益通过几百个专门机构非常直接地表现出来，这些机构在华盛顿或纽约设有总部，并从那里指挥对政府官员的游说活动和对选民的宣传活动。这种“议会第三院”在“苏维埃”国家或“总体”国家[①]的机构计划中至少在名义上被合法化了。在苏联、意大利和德国，持续不断的危机使得按职能分配权力的工作只取得了很小

① “总体”国家(corporative state)，又称“组合国”，系三十年代意大利法西斯国家的一种组织形式。——编注

的进展。德意志共和国关于经济顾问委员会的经验明显地表明，在政治问题上职能性组织与区域性组织的作用是完全一样的；或者表明，职能性组织是多余的东西，因为在技术问题上，较小的行政顾问委员会就可以做出充分的贡献。如果真的用按职能原则选择出来的议会去代替区域性议会的话，政治问题上的组合情况几乎不会发生任何变化。

在危机时期中，精英们重视服从的程度大于重视首创精神的程度。统治者们在内部不稳定情绪的折磨下渴望听到在相互尊重的协作关系中经常使用的那种令人放心的语调。但是，服从性却常常是对积极性和效率的臭名昭著的绊脚石。在当权者对丧失地位的恐惧感变得较小一些时，他们就明智地为了保护独创精神而对某些缺乏虔敬的行为采取忍耐态度。

不言而喻，危机时期中精英在吸收行政官员及其他代理人时，首先注重倾向性而把客观性放在次要位置上，这种做法是聪明的。有利于精英的倾向性会在精英中滋长自信心。但是倾向性和驯服性一样，也是有限度的。显示忠诚的技巧也许会变得比射击、算账或控制的技巧更容易表现出来。客观性本身就是一种价值标准，因为它能对歪曲事实真相的情感冲动起约束作用。客观性，至少表面上的客观性，在法院中或在准司法性法庭中特别有用。

客观性可以通过许多旨在减少情感冲动迅速变为实际行动的程序性规定来加以保护。比如向法院提出的证据可以使其受到精心制作的各种关于采纳或排除的规定的检验。可以要求在法院里或在议会中使用一定的语调或谈话方式。可以将主席的职责规定为保证一切希望发表意见者的利益，和防止讨论小组变为一群乌合之众。

革命的反对派精英也碰到某些特殊的问题。一般说，他们的任务在于把暂时的反叛情绪引导到能使反抗长期化并得到加强的行动道路上。

现代革命的战略认为，正确的行动步骤要求训练一批能够抓住革命时机的职业革命家，乃是理所当然的事情。但是究竟应在多大程度上依靠群众组织，或在多大程度上主要依靠一些专门使用号召群众的象征的较小型组织，则很难说得清楚。

在十九世纪中期那些年代里，宣称具有革命目标的组织都是属于煽动-阴谋型的，所以也都是小型的。在随后的年代中，以无产阶级革命为名进行活动的组织常常发展到拥有数百万成员。德国和奥地利是在组织结构的复杂程度上可以与资本主义相匹敌的社会民主运动的活动场所。这些组织和下级组织建立了复杂的官僚机构，这些机构在执行任务中通常没有生命危险。它们安然无恙地从事编辑、演说、组织等活动。

在社会主义会招致危险的地方，如在俄国，煽动-阴谋式的方法成了主要的表现形态。这并不意味着小小的阴谋小组在革命斗争中要首当其冲，和要去从事个人恐怖行动。那时也建起了一些非常庞大的组织，但是它们都只限于那些对反抗的危险有充分思想准备的人员。在其他场合，人数众多的组织是缺乏战斗力的。花费在这些复杂组织的内部管理中的全部劳动把组织内的能量约束在微不足道、单调乏味的工作和典礼仪式上。当机会到来时，罗伯托·米歇尔斯笔下描写的寡头统治趋势产生出一个死气沉沉的庞然大物。显然，和对群众的号召力相比，群众组织工作搞得太多了。

第三国际以革命的胜利中心作为基地进行指挥操纵，力图使民族的独创精神服从在俄国控制之下的中央统治集团所作出的各项决定。由于一个重要的革命运动并不是作为一个地方性而是作为一个普遍性的反抗运动发展起来的，所以上升到当权地位的精英都有把握从海外得到道义上的支持。俄国的精英集团就是在群众和群众组织的同情合作下得到拯救的，正是这些群众组织的革命的恐吓阻碍了各国合法政府的敌对活动。比如，英国就被阻止向反抗俄国的波兰和反抗苏维埃的白俄将军们提供无限制的援助，原因是英国的政治家们不断受到英国工人的牵制。

第三国际企图使所有这些支持有助于形成一个俄国人集团事实上占优势地位的中央组织。这种做法使一切外国无产阶级组织的领导人处于灾难性的交叉火力之中。如果他们支持阶级战争中的“外国”象征，他们就要被中产阶级、富豪阶级和贵族阶级的发言人说成是反爱国主义的和反民族主义的，而受到这些人的毁灭性打击。但是，如果他们不把自己附属于第三国际，他们又要受到劳工阶级中最活跃的和最激进的分子的攻击。

即使正式成为第三国际的分支机构也不能使危机得到缓和。设在莫斯科的这个高度中央集权组织要求采取的措施通常都是适应于为新政权外交上的需要服务，而不是为了促进社会主义革命的事业。各个地方的共产主义者都被嘲笑为“俄国的外国军团”，而不说他们是社会主义革命的先锋。

德国共产主义的内部危机以极其尖锐的方式证明了这些相互矛盾的趋势。1919 年在工会政策、议会制度及俄国专政制度等问题上发生了一次分裂。1921 年在不成功的“三月的日子”之后又发生了利维危机。1923 年在萨克森和图林根的失败造成了布兰得勒集团的被开除和一个共产主义反对派的成立。在 1925 年的另一次分裂中，鲁思·菲舍尔和马斯洛的“极左”时代宣告结束。历史还透露出许多没有造成严重分裂，而在一些个人与战术问题上出现过的尖锐分歧。为了击溃社会民主党，曾利用成立敌对的政党、工会、军事及青年组织等各种办法进行过许多努力。显然，人们当时并没有预见到，在社会民主党陷入混乱之前，合法制度会发动一个将共产党人和社会民主党人强行解雇的运动来作为防御措施。过度集权的第三国际，在据称是体现于俄国政府中的革命利益的支配之下，造成了群众的分裂，并使法西斯主义渔人得利。

这一切的含意就是：不管在什么地方，当真正的革命运动夺得政权时，明智的抉择是放宽来自中央的控制，容许外国革命运动沿着各自的民族路线发展壮大。

对于精英和反对派精英来说，明智的做法同样都是，避免对特定策略硬性效忠。集体不安全的消减和增长正以蒙受耻辱的下场威胁着无论什么样的精英集团；紧接着出现的精英集团到一定时候也将被弄得威信扫地。

第 三 篇

结　　果

第六章　技能

政治分析所关心的不仅是保护或取代权势人物的方法，它还关心那些取得像尊重、安全、收入等各种价值的人们的特点。各种价值在不同技能的代表人物之间如何分配就是这个问题的一个方面。

技能就是某种能教授和能学到的作业方法，它包括使用事物或事物象征的技术（手工工人或工程师的技术），运用仪式象征的技术以及暴力、组织、议价、宣传、分析等技术。

很明显，手艺人和一切进行与简单手工操作有关的半技能者是很少有机会跻身显要之林的。1919 年德国的议会选举恰好遇上严重的社会危机，当时的时代潮流正向“左”转。但是新议会中只有 2.4％的人是“工人”，2.1％的人是“雇佣工人”，1.9％的人是“工匠”。因此手工技能者的总数为 6.4％，这个数字与 1912 年议会中的情况引人注目地相似。那时“工人”在全部议员中占0.5％，“雇佣工人”占 1.8％，“工匠”占 2.5％，总数是 4.8％。

从比例数上看，农业人员的代表差不多普遍偏少。例外情况主要出现在那些在农业中实行了把名义上的农民或地产主转变为管人的管理者而不是管物的操作者那样一种制度的地方。小农社会都倾向于让律师或其他利用象征手段处理人的问题的专门家充当他们的代表。

值得注意的是在我们社会中如此重要的工程技术却很少能上升到显要的位置。人民的英雄很少是工程师或物理科学家出身的。不管由于机械、电气及化学能源应用到生产上而出现了多少机会，这种情况却仍和过去一样没有变化。与化学、电气、航空、煤气、蒸气、无线电有关的各种全新的专业已经大量涌现出来，旧的工程分科已经发生了深刻的变化。新技术新装置的层出不穷有时使控制自然的专门化的悠久历史变得黯然失色。人们都还记得埃及人、巴比伦人和中国人在军事道路的平整、垫高和架桥方面，在修筑配有墙壁、塔楼、门道、壕沟的堡垒方面，在城市设计与城市的供水、排污方面所达到的杰出成就。他们的港口包括灯塔、经过疏通的航道、防浪堤、码头、库房、起重机、卷扬机和供水系统。巨大的垦荒工程配备着水坝、灌溉和排水系统。在中美洲及其他地方曾经繁荣兴盛过的早期文明遗址中发现了庙宇、教堂、纪念碑及其他公共建筑物与私人住宅。

工程人员把全部精力贯注到寻求他们职业的满足上面，以致使他们奇异地摆脱了公开的行业帝国主义。他们很少清楚地发表言论，要求取得决策上和行政上的控制权，或者以赞美式的神话作为幌子请求群众给他们以支持。在美国，为工程人员说话的最煞费苦心的例子不是由一个工程师而是由经济学家索尔斯坦·维布伦造成的。维布伦在他所著的《工程人员与价格系统》(1921 年纽约版)一书中指控了掠夺成性的工业大亨，并提出了一项关于经济组织系统的建议，在他的这个系统中生产和分配都要由工程人员来决定。然而，他对“工程人员”所下的定义十分广泛，以致它远远超出了这个词习惯上的含义。最接近于大众化的一种提法是使用“技术统治”一词，在1929年经济大萧条时期，这个词的名声达到了它的全盛期。“技术统治”这个词从各方面来说都是一个幸运的创新。它避免了用“主义”作词尾的教条含义，同时又兼备“技术”和“民主”两词的声誉。

工程上对现行制度的控诉是从浪费方面提出的，它指出通往富足的理想国之路是科学管理。在美国泰勒学会对浪费问题所进行的研究就是一个工程人员的技术自觉性将要大大提高的未来时代的先驱。

物理科学家们在对物的管理上专门化程度不及对物的象征的管理。他们和工程人员一样，苦于没有上升到最高尊荣地位的资格。的确，潘勒韦①曾是一个数学家，同时还是一个成功的议员。德·巴莱拉也是一个数学家和一个爱尔兰民族主义者，魏茨曼②是一个化学家和犹太复国主义者，但是这些人都只是一些例外，而不是典型。

医生是多种技能的有趣结合体，他懂得很多自然科学技术，但他却不能对人际因素完全置之不理。医疗工作虽然给从业者带来与人们密切接触的机会，但是医生们在公共生活中却很少有人能高升到显要的位置。克列孟梭③在早年曾是一个医生这件事与他

---

①　潘勒韦（Painlevé，Paul，1863—1933），法国政治家、数学家，两次在危机时期任总理。——编注

②　魏茨曼（Weizmann，Chaim，1874—1952），以色列第一任总统、世界犹太复国主义组织领导人。——编注

③　克列孟梭（Clemenceau，Georges，1841—1929），法国政治家、新闻记者、第三共和国总理。——编注

的后期事业之间没有什么关系。只有在那些相信一切有学问的职业都可以使个人以平等的条件同“城市骗子”打交道的小型社会里，医生在集体活动中才能受到人们的尊敬。即便如此，要找到像在爱尔兰众议院或爱尔兰参议院中那样多的医生（在213个议员中有14个）也是很不寻常的事情。历史上曾偶尔有个别有权势的国王或独裁者的私人医生赢得过他的顾客与恩主的信任。在知识的划分还不像今天这样细的时候，据记载学过医学的人曾更多地在外交界或行政界崭露头角。但是从来也没有可能弄清楚在医学的名义下他们到底学的是什么。

总起来说，坚持认为英雄人物或幕后权势人物通常来自那些专门从事人的管理而不是物的管理的人们中间，这种看法似乎是合理的。行为的控制是基本的技能，即便这种技能与工程上或自然科学上复杂的技术技能有密切联系也是如此。

在人类众多的英雄人物中暴力技能所占的地位就不需要特别提及了。然而，在很长时期内战斗者的价值经常被贬低也是千真万确的。西欧文明把极大的重要性归之于财产的积累，使得战士们的名声相形见绌。在中国，战斗人员受贱视已经成了人所共知的事实。

但是当发生内在与外在的危机时，使用暴力的专家们就得到了一次充满希望的新生。谁都知道，每一次战争或革命都要把一批军事人物作为遗产留在它的身后。继华盛顿将军之后，美国总统候选人名单中有过军事记录的人包括杰克逊、哈里森、泰勒、斯科特、麦克莱伦、格兰特、海斯、加菲尔德、汉考克、哈里森、麦金利、西奥多·罗斯福。

在某些社会中通往显赫的道路不是战斗而是礼仪，如美国西南部祖尼人就是这样。在任何社会中，靠象征维持生活的人中最显著的例子是那些专心搞礼仪活动的人。就礼仪一词在这里的意义而言，真正的礼仪行为是一种牵涉公开社会关系的变化最少，并被认为对整个社会有利的行为。从这个意义上说，被认为是保护土壤肥力和作物生长的跳舞活动就是一种真正的礼仪。跳舞对公开关系的变化影响极小，是我们称为“社会内在化”式的活动。可以把这种内在化的行为与在两个对财产提出要求权的人中间进行裁断的行为，或与参加一次对相邻社会进行袭击的行为作一比较。这些行为是要引起公开关系的变化的。它们就是“社会外在化”的行为。

在大多数社会中，都有一些以专门从事真正的礼仪为业而取得权势或维持生活的人。有些禁欲主义者在隐居和祷告中度过他们的时日，从周围环境中得到尊敬的表示和物资的馈赠。有些祭司在僻静中或在进行由宗教仪式所规定的活动中度日，这些活动能改变了解内情的人情感上的反应，但不会使客观形势发生其他变化。

在某些社会中，社会内在化行为专门化的程度是微不足道的。每个人都可以充当自己的祭司和巫师，直接和一个主宰的鬼神取得联系，占有一些据认为具有自动能力的物体和实用方法。一块石头被保存起来，因为据说它能给人带来好运气，这就是巫术；当这块石头像人一样被恳求和被哄骗时，这就是宗教。鲁思·本尼迪克特认为二者的区别在于，巫术是技术性的和机械性的，而宗教则是泛灵性的。

实地调查人员估计普埃布洛印第安人把三分之一的时间用在有重要礼仪意义的舞蹈的排练与演出上面，但是专门从事礼仪活动的人却为数不多。值得注意的是许多社会都支持介于个人和被人格化了的宇宙之间的祭司。

这些祭司与酋长之间存在着程度不同的互助或敌对关系。礼仪职务有时候与一大堆其他额外的职务纠缠在一起。酋长职务有时候与祭司职务结合起来成为一个单一的职务。酋长们在加强自己的地位以后取得了更大的控制权，把君权与教权融为一体，变成了帝王。日本的天皇作为天之子，就是国家的最高僧侣。罗马皇帝就是最高的大祭司。

有时候皇帝由于过分夸大了他的礼仪职务而受到禁锢。封建时代中国的情况就是这样。君主为了保持他的特有权势把自己的全副精力集中在宫廷生活和典礼上。这种被幽禁在宫廷之中，被礼仪束缚起来的君主只是在消极被动、不过问具体事务和不直接参与政事的条件下维持其统治地位。他只有通过威望的效力才能采取行动，他所执行的指挥权还不如他的灵感启示权，而这种灵感权通常是更多地与一个宗教统治集团的首领而不是与一个国家的元首联系在一起。

僧侣精英集团保持它的圣职象征和增加它的外在化职能的过程常常可以从历史资料中探索出来。协助皇帝执行僧侣职务的僧侣精英在中国发展成了僧侣官僚集团，在印度发展成了僧侣等级。在罗马，形形色色的部落教士被同化成为一个庞大的宗教性会社。但是希腊的部落教士们却一直是分散和孤立的，从来没有形成一个统一的教士等级。在埃及的新王国中，教士等级成了对国家权力的一个严重挑战。这些教士们虽然从极早的巴比伦时代起就很重要，但他们在以色列占据上风却只是在犹太人被巴比伦奴役以后的事情。在西欧，教士们在罗马帝国在西方崩溃之后取得了优势，后来由于世俗当局在他们势力范围的边缘地区经常领导发起许多运动，他们才受到抑制。这些世俗当局与反对把控制权集中在罗马的低级教士们通力合作，这就是宗教改革中那些最活跃分子的社会成分。

西欧的大部分历史都是围绕着各个精英集团为了控制那些足以引起群众服从反应的一切象征而进行的敌对斗争这个轴心旋转的。有时候“神圣的”和“世俗的”象征都是那些在过去曾被看作是两者中这一方面或那一方面的专职人员的争夺对象。这种情况突出地表现在教皇对皇帝的斗争中。

苏联所进行的取消一切“神圣”象征的努力几乎是独一无二的。极权主义通常使用的办法是夺取“神圣”象征的控制权，并利用它们来达到控制的目的。国家社会党的一条强有力的原则就是决心要发展一个强大的纯粹地区性的“神圣”象征系统，这种系统的宗旨就是要使德国人不对德国国界以外的各种宗教用语和习惯表示忠诚。只要德国人认为自己是“天主教徒”、“新教徒”、“犹太教徒”、“基督教徒”的情况存在一天，分裂根源近在眼前的情况也就存在一天。人们担心不满分子将会利用这些象征作为旗号从海外求取支持。于是就产生了抛弃“犹太-基督教”的上帝，回到在这种“犹太-基督教”上帝被“强加”给“雅利安”人以前流行的那个上帝象征的计划。

在美国，世俗的精英们曾企图用宣扬自己支持基督教和宗教生活的办法把教士们在政治上的影响缩小到最低限度。这样做的用意在于说明教士们为了保护宗教而参加政府是不必要的。特别是因为教士们都是和特定宗派的特殊利益联系在一起的。世俗政治家以范围广阔的各种虔诚象征的代言人自居，和他们对立的是由基督教竞争者组成的一条不统一的分散阵线。

对以教士为代表的礼仪精英所进行的这种考察证明，礼仪方面的专职人员是怎样经常地变成了组织工作方面的专家，从而增强了他在社会生活中的作用。有时候，他转向控制婚姻、家庭、继承以及其他许多公开的社会关系。然而，组织工作上的技能并不一定都是和礼仪行为有联系的。记账、收税、记录头衔、处理通信、录用、训练、补给等各种技能都是通向更大权势的独立途径。随着劳动分工日趋复杂，或随着协调行动的规模在范围上日趋广阔，协作的技能变得更加重要起来。在战争中取得胜利的酋长们曾目睹他们的胜利果实怎样由于缺少官僚政治的组织技能而化为灰烬。W. C. 麦克劳德精心探索的结果证明，“官僚政治的文化模式”对政治组织的进程曾发生过使之标准化的影响。

讨价还价的技能在商业界和外交界都非常重要，所以值得提出来单独加以考虑。随着对交易条件的各种习惯性限制逐渐趋于消除，现代产业已经使市场竞争的范围大为扩展。“低价买进高价卖出”的技能变成了通向发财和出名的一条大道。

另一种重要技能是辩护，特别是在宣传形式下的辩护。在有些宣传形式中，宣传者的个人信念很重要。在这一点上不仅那些劝人改变信仰的宗教所进行的传教活动是如此，革命运动所进行的宣传也是如此。凡是存在个人危险的地方，信念都是重要的问题。不过大多数现代宣传却都是在一些对他们的委托人所需之物并没有特殊信念的人指挥下进行的。现代的公共关系辩护人或广告商或新闻广告员奉行的都是相同的准则，只不过他们不受律师所受到的那些限制罢了。他们为了促进实现委托人所希望的那些态度而组织各种象征，并为此而收取费用。已故的艾维·李因为当了宾夕法尼亚铁路公司、洛克菲勒股票集团及其他重要主顾的顾问而声名大振。在去世前不久，他曾在一次国会调查中透露，他曾被德国染料托拉斯留下来以便在处理有关美国公众对德国政府的态度这个问题上为他们出谋划策。只是到了世界大战以后，宣传家们才开始得到公众的承认并脱离初期与剧团新闻广告员或那些在穿插节目中靠大声呼喊招徕顾客的商业宣传员的关系。

另一种重要的象征技能是对人事关系的分析。把人们用于研究自然界的同一客观态度扩大到人与人的关系上实质上并不是新鲜事物。考底利耶[①]这位东印度人，或亚里士多德这位希腊人，或马基雅弗利这位意大利人的著作都雄辩地证明有些人具有洞察一切的超然态度。但是数量可观的一批专心研究历史、社会与心理科学的学者却是最近才成长起来的。从法律、哲学、神学和历史这些母体中诞生出了经济学家、政治学家、社会学家、社会心理学家、个人心理学家、文化人类学家、人文地理学家、社会生物学家及其他技能群体。

教士技能和分析技能之间的关系向来是极为密切的。有些教

① 考底利耶（Kautilya，活动时期公元前300年左右），印度政治家和哲学家。——编注

士专门从事占卜者的工作，预测未来和指明现在可供采用的行动方案，从而使他们自己在政策与管理工作方面起着显著的作用。从人们在祭祀时画符念咒和在唱赞歌时对词的发音的重视产生了早期婆罗门的语音学家和语法学家。随着书写文字的出现，教士经常变成了编史官和宗教法典的作者、档案管理员、祷告文和歌曲的编辑者。作为神学家，他还对有关诸神的学说加以分类整理并对雄辩术的实际运用加以改进。

在西欧，知识技能的世俗化在几个世纪的漫长岁月中逐步向前发展。汉萨同盟的商人们为了把自己从教士的控制下解放出来建立了他们自己的市政学校。意大利城市中簿记的发展给世俗知识分子们提供了新的职业。文艺复兴中对阿拉伯文与希腊文知识的重视给支持文人学士以便让这些人奉承他们和教导他们的富商大贾们树立了一种时髦的人格类型。从活字版中脱颖而出的印刷术以及廉价出版的普遍化削弱了教士对知识的垄断。官僚机构职位的增长使世俗界的谋生之路成倍地增加，也加强了反对世俗和教会上层的世俗绅士们的力量。罗马天主教会的解体孕育了基督教世界的分裂，也使得世俗权威与僧侣权威之间的分裂比过去任何时候都更为尖锐。随着自由的公立学校的普遍发展，对知识的控制进一步由教士手中转到世俗国家官员的监管之下。

智力表现形态存在着几种互相补充又互相竞争的形式。智力艺术从业人员之间的技能斗争表现为下列几种形式：自然主义派对规范派，系统派对印象主义派，解说派对描写派。

自然主义派的论文所使用的词汇偏重说明情况而不表现优劣。规范派则大量使用像“应当”、“好”、“丑”一类的词汇。现代社会科学偏重自然主义的表现方式。伦理学、美学以及认识论与形而上学的某些方面则属于规范派的范畴。政治科学属于自然主义派；政治哲学则属于规范派。实际上这些分别只是侧重点上的相对差别，而不是完全相互排斥的关系。

各种社会冲突为使用“应当”类词汇的进展提供了现成机会。这种情况所急需的是能够发明或制作为行使或否定权力进行辩护的语言的象征专家。因而针锋相对的需要都通过求助于法律、道德或宗教而得到保护；争论各方通过的种种决议也是用相同的词汇表达出来的。在维护诸侯反对罗马教皇和维护君主反对贵族的斗争中，曾受过教规、罗马法和习惯法训练的律师们表现得很出色。在十八世纪，当社会批评的高潮正指向王权制度的时候，当时的象征制作者们是一些专业化程度不如律师和神学家的思想家。同样，担负着反对资本主义社会向前推进责任的也是一批非学术性知识分子。有些证据表明，学术上的知识分子在民族主义运动中比在激烈的革命运动中表现得更为突出一些。

好发议论的报纸撰稿人、宣传小册子的作者、律师和神学家的声望不应当分散人们的注意力，使他们看不见那些因对社会生活中非常复杂的日常事务进行描述和比较而在社会上受到支持的人在数字上稳步上升的情况。这些人不论他们是否被普遍承认为“智囊团”的成员，在提供意见和给予支持上都是非常需要的。大多数现在的社会科学过去都曾经被包括在“伦理哲学”这个总的名称之内的。在美国，“政治经济学”的讲座最早大概是1818年首先在哥伦比亚大学开设的，类似的讲座以后逐步推广到全国范围。政治学的形成更慢一些，虽然托马斯·库珀博士1811年时就已经开始在南卡罗来纳大学讲授化学、政治学和政治经济学了。一般说来，它和哲学与法学的关系非常密切，一直保持着这些学科的规范的格调。

由于职业上对律师的需求很大，所以人们不断地作出努力以扩大法律院校的课程。当 1857 年弗朗西斯·利伯被请到哥伦比亚时，人们都希望他能引导法律专业的学生去学习历史和政治学，以便克服所谓法律专业学生狭隘的专门化问题。这次努力失败了，利伯本人也被调到法律学校去担任宪法史和公法的教学工作。1880 年在约翰·W. 伯吉斯倡导下，在哥伦比亚大学组织成立的政治学学院，则是另外一次想要打破法律院校专门化而没有取得成功的努力的结果。

伦理哲学的教授们脱离企业及政府新的常规的情况往往十分严重，使他们在用现代生活来及时和恰当地说明古典格言这个问题上不知所措。这种脱节状况有可能使新一代的专家受到人们的注意，因为他们正集中力量描述他们生活于其中的日益扩展着的文明里存在的各种新常规。这种情况大大地增加了学术界牺牲规范派而把着重点放在自然主义派上的倾向。

以上简略介绍的发生在美国的过程在其他一切与欧洲文明保持接触的地区也都是一样。显然，这种对描述与比较的渴望主要依赖于新事物的出现。开始时，这方面的动力是“外延性”的，而不是“内向性”的。发明的时代打开了西欧人的眼界，使他们看到许多与他们自己所习惯的标准形成鲜明对比的文化的存在。南北美洲和东方的新世界，以及从古典知识的复活和新的考古发掘中显露出来的被重新发现的旧世界，都使人耳目为之一新。随后的刺激则是来自由于现代技术的发展而引起的现代世界“内向性”的复杂情况。对自然主义方向的向往和新要求、新理论的成长是肩并肩同时发展的。但是五花八门的现象所涉及的领域广阔无垠，以致规范派的成见只有退避三舍，把地盘拱手让给自然主义。

智力世界中另一条互相支持与分裂的界线是系统派和印象主义派之间的界限。系统派一贯朝着一种精心设计和逻辑上前后一致的结构前进。印象主义派则满足于形式上较少刻板与僵化。专题论文作者属于前一类；小品文作者、大众化讲演者、健谈者、社论作者则属于后一类。在艰难困苦的时候，大显名声的机会是向那些懂得如何利用一种媒介来唤起群众感情的人们敞开的。因此，能够掌握印象主义媒介的人们可能会丢掉论文写作去搞小册子或演讲术。

但是，任何新的社会秩序或任何缓慢成熟起来的社会抗议运动却为系统派提供大量的机会。十八世纪的百科全书派成员对于把新知识系统化当作修改现行社会制度的一种手段很感兴趣。在一个多少年来革命潮流日益高涨的文明社会中像马克思和恩格斯这样的人的论文可能会对抗议文学做出贡献。在现代社会中，当一个新政权建立之后，编纂整理防御性象征的工作就会向前发展。意大利法西斯主义者在夺取权力期间曾使用过一些暂时性的通讯媒介，但是一旦大权在握，就开始了编纂法西斯百科全书的工作。

另外一种区分是解说技能与描写技能之间的区别。解说偏于抽象，描写则倾向于具体。描写的技能包括描写性散文、诗歌、绘图、绘画及其他有关媒介。有些解说则完全致力于为词汇下定义和对它们之间的相互联系作正式阐述。帕累托的《政治经济学教程》就是一个例子。有时候丰富的细节被总结在复杂的数量形式之中，如韦斯利·米切尔在《商业循环》一书中就是这样做的。更为常见的一种解说形式是用实例来润色和修饰抽象的定义与命题。（例如本书中所采用的办法。）

不同风格论述方法的倡导人之间所进行的技能斗争往往以极其刻毒的形式表现出来。系统派的论文往往被作为迂腐的空谈、脱离实际的奇想、智力的反常和故意使人困惑不解的阴谋而遭受驳斥。另一方面印象派作者的小品文又常常被系统派人士斥责为油腔滑调、不负责任的舞文弄墨。由于学术界培育支持系统派，因此，“学术”一词在印象派人士鼻孔中就带有一股辛辣的气味。

解说派和描写派之间粗鲁交锋的刻薄程度也不亚于此。我们这个文明社会中大多数“艺术”形式是描写性的。描写派的发言人可能对解说派风格令人难以容忍的枯燥无味发出怨言，宣称解说派的每一个字都是随着“心脏”活动，而不是随着“头脑”活动。解说派的作者则可以把描写派贬低为对幼稚的思想方法的迎合，并预言一个更加合理的世界将会抛弃这些“描写头脑”的产品。

擅长自然主义分析法的人也许会宣扬“客观性”的优点，并以屈尊的口吻提到那些把世界想象成对他们个人偏爱的体系所炮制出来的冗长产品富有兴趣的人。规范风格的辞章专家们则可能用轻视的目光看待那些当我们面临一场价值战争的时候把脑袋埋藏在科学沙堆里的缺乏伦理热情的鸵鸟们。

可见，每一个技能专家至少都有一个神话的雏形，以这个神话雏形为名，他就可以从他的同胞那里得到一些额外的可用价值。在知识分子制造神话的问题上，柏拉图为我们的社会树立了一个典型。他别出心裁地臆想出一个把全知和全能集中于一身的“哲学家国王”。从事象征工作的专业人员作为一个集团来说——包括那些专门从事争论的狭义的知识分子和自然科学家——最活跃的神话发明者之一是 H. G. 威尔斯[①]。虽然威尔斯专门挑出小说化的审美家、智力不高却卖弄学问的教师、超脱尘俗的学者、沾沾自喜的大学教授作为他辱骂性评论的对象，他对“智力工作者”还是赞扬的。

我们在威尔斯的《自传的试验》(第二页)中了解到智力工作者所过的生活并不是低于正常的生活而是“超正常的”生活。他的生活不是一种“逃避”，而是一条“通向权力的道路”。

> 人类越来越确实地理解，人类从与个人直接有关的事务逃向当今人类社会中日益增加的个人性质较小的各种活动并不是像赌博、幻想、醉酒或自杀那样中止或放弃初级生活；相反，这是一条跨过虽较低级但仍完整的初级生活而通向权力的道路。从本质上说，这是强加于初级生活之上的对更伟大的人类生活整体的一种参与。在书房、工作室、实验室、行政办公室和考察队中，一个新的世界正在发芽生长，这不是抛弃旧世界，而是它的无限扩展，使其成为一个人类综合体，一切个人目的最后都将被吸收到这个综合体里面。我们有创造力的智力工作者们正在从事着改革人类生活的工作。

不断流逝的时光包括各种技能组合的兴衰史。在欧洲的封建时代中，战斗技能似乎是通向权力的主要道路。后来，组织工作的技能在民族君主政权的巩固中起了至关重要的作用。在十九世纪和二十世纪初期，讨价还价的技能把私人财阀带入了全盛时期。在世界大战和革命中反映出来的二十世纪世界不安全状态为掌握

① 威尔斯(Wells，H. G. 1866—1946)，英国小说家。——编注

宣传技能的人物提供了大量机会(请看列宁、墨索里尼、希特勒)。新思想一旦在社会感情中站稳脚跟,宣传家的作用就要降低:这种情况对谁有利呢?是对使用暴力者呢?还是对讨价还价者呢?还是对司仪者呢?

第七章　阶级

政治分析包括分析事件的阶级后果。阶级就是具有类似的职能、地位与观点的重要社会集团。

革命是精英在阶级构成上的改变。南方地主贵族阶级在美国政治上的影响由于南北战争的结果而受到削弱。工商业资本家代替土地拥有者在世界舞台上并不是什么重大的新鲜事物。这种变化早在十八世纪末期法国灾难性暴力行动的情况下就发生过。在世界范围内，美国南北战争没有、而法国革命则确实标志着一个新的社会组织已经上升到具有最大权势的位置。因此，法国革命可以被称为世界革命。在法国革命之后，下一次世界革命是 1917 年在俄国发生的。

伴随着世界革命而来的是精英在其使用的统治词汇上所发生的突然变化。英国的专制主义统治者詹姆斯一世在贵族革命之前曾说：

“对上帝能做的事情表示怀疑是无神论和亵渎行为……因此一个臣民对国王能做的事表示怀疑，或随便说国王不能做这不能做那，就是放肆和大不敬。”

法国资产阶级革命前被路易十四委任掌管法国皇太子教育事务的波舒哀主教所说的话也是唱的同一调子：

“如同至善至美集中于上帝身上一样，社会中一切个人的全部权力都集中于君主身上。”

在皇帝和贵族被赶走之后，登上权力宝座的那些人使用的是一套全新的词汇。法国国民议会 1789 年 8 月 26 日通过的《人权宣言》的第一条宣称，“人人生而自由，权利平等。”第二条对“天赋的与不可侵犯的人权”进行了列举。

当俄国的君主制度、贵族政权和富豪统治被取代之后，夺得权力的人们实行了另外一套强有力的词汇。1917 年 11 月 18 日列宁作为人民委员会主席发布的公告中有一部分说：“工人、士兵、农民以及一切劳动者同志们：工农革命驱散和逮捕了为数不多的受克伦斯基欺骗的哥萨克残部，在彼得格勒取得了彻底的胜利……工农革命的胜利已经有了保证，因为大多数人民已经起来支持这个革命……全世界的大多数被压迫劳动者拥护我们。我们的事业是正义的。我们的胜利是有保证的。”①

从“神授君权”到“人权”，从“人权”到“无产阶级专政”，这些就是现代世界政治史上几次主要的词汇变化。每一次都使一种长期以来被作为一种空想的希望的反抗语言变成合法制度的语言——一种意识形态。统治精英就是通过将元音与辅音进行各种新的组合而从人民大众中获取忠诚、血液和税款的。

在精英的阶级结构中发生的这些突然变化不仅在词汇上而且在实践中带来了许多革新。法国大革命引进了并且不久就规定了普遍成人选举制、教会与政府分离制、宣传鼓动与讨论的相

① 见《列宁全集》第 33 卷，第 61—62 页，人民出版社 1985 年第 2 版。——编注

对自由、议会高于行政机构的制度以及废除各阶级间一切法定的不平等待遇。通过对关税和税收制度的重新安排制定了各种有利于工商业发展的政策。通过将农民转变为土地占有者的办法鼓励了财产个人所有制。所有这一切都是在人权的名义下被宣布为合法，并把它们凝合在强烈的民族主义感情之墙上。

1917年俄国革命的模式在革命危机的不同阶段得到发展。最为引人注目的是一切有组织的社会生活的政府化。1918年6月末前后，银行、保险公司、大型工业、矿业、水上运输业以及少数几条过去由私人公司经营的铁路被宣布为国有。沙皇政府与临时政府所借的外债被否认了，私人工业中的外国投资被没收了，对外贸易实行了垄断经营。不久以后，又开始了通过发展大型集体农场的办法，取消了小农这个独特的社会组织。

一切事务的控制权逐渐被一个单一的占有合法垄断地位的政党所独占。革命开始时，在俄国曾有过几个强大的权势中心，共产党只是其中的一个。各种苏维埃各自都是行使主动权的中心，绝不接受党的统一管束。存在着各种互相竞争的政党。工会和合作社只是在那些同干涉、饥饿和反叛的危险进行艰苦斗争的苦难岁月中才逐渐被置于党的钢铁统治之下。危机强迫着实行集权，不然就要崩溃，在这种情况下，共产党的政治委员会变成了国家的指挥中心。

在这个政府化社会的组织结构内部，金钱收入的差别与革命前的社会相比，不是那样突出；这种比较平等的情况在1921年前不断发生冲突的时期中尤为明显。这时个人成功的道路主要是通过掌握着重要权势职务入口的共产党。

这就是“无产阶级专政”的制度，或者至少是以无产阶级为名的专政制度。它不是一个社会主义的国家，因为还不允许采取民主的形式。它也不是一个社会主义的社会，因为政府被迫还要实行高压统治。“国家的消亡”只是对未来的向往，只有在新社会中出现了各个功能群体之间自觉的意见一致时才能实现。

世界性革命对于理解两次革命之间所发生的事件是很有价值的指路标。比如法国大革命后的有些事件可以认为是加快了——有些是推迟了——象征和实际措施的新的革命模式在各种具体细节上的传播。有些事件是直接朝着在俄国出现的那种模式运动的。所以可以把发生的事件理解为一次革命与下一次革命中间的过渡。

法国大革命后，有许多法国式“民主”的具体做法被采用了，或被修改了。英国把议会选举权朝着普遍选举的方向扩大了。议会开始对行政机构实行更大的控制——甚至在革命没有把君权消灭掉的地方（如普鲁士）。出现了公开宣称对农民或小农有利的土地改革浪潮；出现了以鼓励商业、工业和财政为宗旨的公共税收制度上的改革；人们越来越多地使用民主的国际主义的语言。

不久，一次反对曾因民主民族主义而获得好处的财产制度的重要政治运动兴起了。马克思主义在竞争中战胜了“空想的”社会主义者和无政府主义者，并为企图推翻现存制度的反对派精英们提供了占优势的语言。

同一事件，在同上一次和下一次世界革命模式对照起来进行解释时，往往具有革命的与反革命的双重含义。对免费公共教育与普遍选举权的要求往往会激励工资劳动者、农民们和下层中产阶级，使他们在政治上表现自己。可以说，这种情况标志着以这些阶级名义发生的新的革命动力出现的可能性增强了。但教育和选举权的某些后果却是对世界革命的传播有害的。当这些要求得到满足，各个政党也在市政委员会或全国议会中取得席位时，革命的热情通常就会失去。政党领袖们变得坚定地与国家的意识形态合为一体，他们更多地想要表现他们的爱国主义，而不是他们的无产阶级精神。

生活在介于法国革命与俄国革命之间一系列历史事件的旋涡中而能正确认清形势的人们，可能已经看出每一局势对这些革命模式的传播或限制所具有的意义。

俄国革命后世界上正确地自我定向的关键在于推测现实事件在从上一次世界革命向下一次世界革命的转变中所具有的意义。由于我们与上一次划时代变革非常接近，毫无疑问在指明影响其直接命运的各种因素上比之辨清下一次重大变动的轮廓将会更为成功得多。寻找方位的工作并不是一种一劳永逸的程序，它是参照可能产生的阶级后果进行自我批判性的分析的一种对时间进程的不断重新估价。

在我们分析现实事件对 1917 年革命模式的传播或限制所具有的意义时，我们并不是全然没有指导的。世界性革命的创举在人类历史上并不稀罕，但是从来也没有一次上升到绝对的称霸地位，并且从来也没有一次能以一整套优势的象征为名和按照一整套实际措施把世界统一起来。事实证明，限制的辩证法比扩散的辩证法要强大得多，世界革命总是在普遍性面前停步不前。

人们还记得，以整个人类（自由、平等、博爱）的名义夺得政权的那些法国人并没有为整个人类所接受。那些自命为代表世界无产阶级说话并在俄国夺得了政权的人们也没有在一切地方被所有的无产阶级所接受。也许正是那些曾在事实上剥夺过法国精英的普遍性（尽管在言辞上声称具有普遍性）的那些矛盾将会在限制俄国精英上起作用。显然我们要面对的是一个扩散与限制同时存在的双重过程。

也许我们可以通过采取某些搜集和展示数据的特殊方法把我们的注意力引向整个形势的一些重要方面。我们研究的是时间的进程，是一个由事件构成的长河。在一定周期的间隔处将这个长河予以横切，并将选定的象征和实际措施的地理分布情况描绘成图，我们就可以对正确理解作出贡献。

如果我们把横断面间的间隔划分得宽一些，我们就可以既和现实保持接触，又不至于在一大堆具体细节中迷失方向。也许以五年时间作为间隔就可以达到我们所要达到的目的。比如，我们可以选用1917、1922、1927、1932……我们有足够的理由把这个五年的间隔期倒推至俄国革命与法国革命之间；如果我们继续向后推，那么由于缺乏知识，就只好以加宽间隔期作为必要的让步了。

在这里，可以把1917年革命模式的特征简略总结一下。带正面感情色彩的一些用词（加上象征）有：

共和国	无产阶级
苏维埃	世界革命

社会主义　　共产主义

带反面感情色彩的用词(除去象征)有:

君主政体　　帝国主义

宗教　　议会制度

资产阶级　　资产阶级自由化与民主

资本主义

还有一些并不是从一开始就全部实行的实际措施:

(有组织社会生活的)政府化

(金钱收入的)平等化

(一党独占合法地位的)垄断

在事件长河中任何一个特定的横断面上,扩散和限制的程度将会被显示出来。这些关系可以分为如下几类:

全面扩散

地理区分产生的限制

部分吸收产生的限制

功能区分产生的限制

全面扩散也许会表现在苏联国内实行的普遍的国民资格和苏联对1917年宣布或开始执行的各种象征与实际措施的坚持上。从国内战争和外国干涉以来,苏联在领土方面没有取得什么进展,这就使得全面地理扩散受到了阻碍。究竟苏联国内发生的各种变化是否支持了世界革命事业,将在后文中予以讨论。

地理区分产生的限制来源于强调在新的革命运动中心发生的各种事件的地区性和局限性的思想与宣传。一个革命的精英集团的出现会引起周围所有精英的不安全感,这些人想方设法保护自己以免受到各种外来的和内在的对他们优势地位的威胁。他们设法在反抗外来威胁的斗争中利用把外来事物诬蔑为外国的和异己的，并强调他们自己的本地身份的办法来取得他们自己的群众的支持。因此一个代表人类的革命被当作法国的革命，一个代表世界无产阶级的革命被当作俄国的革命来对待。限制外来威胁的斗争强调的是地方观念：如普鲁士王室和封建集团把德意志民族主义语言当作号召社会广大成员反对法国人的一种手段而予以默认，又如波兰人和其他新独立的各国人民在1919—1921年间反对俄国人的战斗也是如此。

部分吸收所产生的限制是将新革命政权的成功的象征与实际措施借用来作为对地方情绪的让步的过程。这种“我也是，但是”式的认同与区分的技术其步骤如下：如果要宣布成立“国家”的话，那就得让“德意志国家”具有一个独特的本质；如果“社会主义”是一种善行的话，那就得让它是“德意志民族社会主义”；如果“革命”是一种价值的话，那就得让它是我们自己的民族革命。

革命模式的各种细节在国外被人照搬得最快的是那些最不新颖的东西。这种情况通过把世界各国政府形式的变化列成图表就可显示出来。推翻沙皇是资产阶级革命中最好的方式，与它类似的运动在俄国以外继续进行，使存在着的不满情绪被发泄一空，也减少了实行无产阶级式政策的机会。下表描述的是1917年革命运动开始前的形势，以及其他在所列举年代终结前后时的形势。所用的数据是从《政治家年鉴》和《世界政治手册》等权威资料中选用的。沙特阿拉伯和伊拉克于1932年第一次被包括在内。殖民地国家一般都被排除在外。

年代	君主专制政体		有限君主制		议会君主制		总统制共和国		议会制共和国	
	数目	百分比	数目	百分比	数目	百分比	数目	百分比	数目	百分比
1917	6	0.10	7	0.12	17	0.30	21	0.40	5	0.08
1922	3	0.05	5	0.08	18	0.29	21	0.34	15	0.24
1927	2	0.04	4	0.06	19	0.30	22	0.35	16	0.25
1932	1	0.02	7	0.11	19	0.29	21	0.32	17	0.26

1917年时,56个国家中有13个或22%是君主专制政体或有限君主制。1922年时,国家的数目为62,其中8个,或13%,是君主专制政体或有限君主制。1927年时,63个国家中有6个,或不到10%,属于这两类。到了1932年,65个国家中有8个,或13%包括在里面。最大的变动是朝着包括苏维埃式与非苏维埃式的议会共和国方向的转变。在此期间君主政体由52%下降到42%,形势有利于共和国。

如果将政府的形式按人口的多少来进行分类,这些变化中有一些就显得更为突出。在找不到正式统计数字时,所用的数字是与表中所列年代最接近的年代的数字。除了中国以外,在各种互不冲突的材料来源中使用了最大的数字。人口数以百万作为计算单位。

年代	君主专制政体		有限君主制		议会君主制		总统制共和国		议会制共和国	
	数目	百分比	数目	百分比	数目	百分比	数目	百分比	数目	百分比
1917	64	0.04	675	0.46	171	0.12	189	0.13	374	0.25
1922	27	0.02	401	0.25	203	0.13	200	0.13	745	0.47
1927	20	0.01	396	0.25	215	0.13	210	0.13	786	0.48
1932	6	0.01	455	0.26	210	0.12	231	0.13	830	0.48

这样就可以看出，在1917年时，世界人口中50%居住在君主专制政体或有限君主制政体中。到1922年时是27%，而在下面两个年代中则保持稳定不变。议会制共和国的扩大在本表中特别显得突出，因为它的比例由占各国居民总数的四分之一增长到约占一半左右。

1917年革命模式中那些更为新颖的具体方面传播较为缓慢。当然如果全部事实都能汇集起来，毫无疑问有组织生活的政府化在苏联以外的地方进展迅速的情况是会表现出来的。如果把世界大战期间政府控制力扩展的情况估算进去——这种扩展通过把1912年时的形势与战后年代中所记录下来的变化进行对比可以看出——这种解释将是适用的。甚至在美国与1929年经济大萧条有关的全国紧急状况也都是通过显著地扩大政府权力来解决的。复兴金融公司[①]只不过是这种趋势的早期著名的例子之一。

很可能曾经有过一次以金钱收入平等化为目标的普遍的但很不稳定的运动。东欧和中欧的非苏维埃社会曾企图用分割大地产的方法来平息人民的不满和建立对他们非苏维埃政权的法定的与感情上的支持。别的地方则通过征收高额所得税和遗产税促进了平等化的趋势。但是这些政策往往被对普通消费品强收的苛捐杂税所抵消。在美国“财富共享”已经变成了一个实际的政治口号。

在德国和意大利出现了一个强大政党垄断合法地位的情况，

① 1932年1月美国国会批准建立的政府机构。其目的是对铁路、金融机构和商业公司提供财务援助。——编注

这种情况还以较低发展水平的形式出现在中国、土耳其和南斯拉夫等国。

显然，地理区分和部分吸收所产生的限制已经在限制苏联活动范围方面取得了快速的进展。在这些限制之外还可以加上因功能区分而造成的限制。过去一个世纪的历史证明，当人们对把法国大革命说成是“资产阶级革命”的情况变得习以为常时，政治的发展已经达到了一个转折点。法国最初的革命精英所使用的语言在范围上本来是具有普遍适用性的。当人们把革命说成是“资产阶级的”革命时，这就是在暗示和断言已经有一个特定的阶级为了少数人的利益盗用了多数人的名义。据认为从 1789 年后那些年代所发生的激烈事件中获取了最大利益的不是全人类，而是资产阶级。

这样一种区分冲击了那种革命秩序的基本主张，向占优势地位的神话提出了挑战，揭露了它的骗人借口。每一个被确认为与上一次革命中的任何象征与实际措施同流合污的精英都受到了指控。这样就为一个新的革命大厦奠定了象征的基础；新的反抗性神话、新的乌托邦式诺言就可以被援引去反对公认的精英的意识形态。在十九世纪的术语中，“资产阶级”的替换词是“无产阶级”。随着马克思主义的社会主义的日臻完善，一种新编造的神话被释放出笼了，这是为了在一次又一次的不满情绪的冲击中取得忠诚；当新象征的拥护者在俄国夺得政权时，这种神话达到了登峰造极的程度。

功能区分的界限是不是已经引起了对俄国革命的普遍性的怀疑呢？是不是有人对革命的阶级后果会像它有利于其他阶级那样

有利于整个无产阶级这一点发生了怀疑呢？

也许正如某些无政府工团主义者所指出的那样，下层体力劳动者，尤其是失业人员被俄国革命发言人提出的各种口号严重地引入了歧途。也许现代政治上的社会主义并不是体力劳动者夺权斗争的一个阶段，而是“知识分子”夺权斗争的一个阶段，他们在从贵族与富豪统治集团手中夺权时成功地与心怀不满的体力劳动者结为同盟。一旦他们的权力用法规建立起来，他们就把党和行政机构一手抓过去，把各种特权给予特殊技能者。尊荣和高额金钱收入都归于那些进行技术与组织工作的人们，而不是从事体力劳动的人们。知识分子们已经做出论证，表明金钱收入的机械的平等并不是马克思的本意。可见人口中比社会上层具有较少技能的最下层人口是政治上不满和对官僚政治抱怀疑态度的潜在根源。

这种分析方法把俄国革命看作是小资产阶级走向权力中的一个事件，是意大利、德国及其他地方发生的事件中所包含的那些趋势在俄国的实现。

也许在我们时代的表面政治混乱中有一个共同因素，即中等收入的技能集团走向权势。虽然俄国共产主义、意大利法西斯主义和德国的民族社会主义都存在许多矛盾与反常状态，一个新的世界革命可能正在前进之中，这个革命的实现与全世界并入苏联没有任何关系。在“本民族工人”的名义下，在狭隘的爱国主义和排外主义的名义下，中等收入的技能集团正在牺牲贵族统治与富豪统治的情况下登上权力的宝座。

显然中等收入技能集团至今还没有找到一个共同的名字；也还没有认清他们的统一赖以维持的内部牺牲原则；更没有充分意

识到他们的历史命运。在欧洲，他们的不团结已经产生了灾难性的政治；但是在美洲，可能有更多的时间用以形成一个共同的名称、一项共同的政策和一种共同的政治命运感。

由于缺乏自觉性，小农民、小商人、低薪知识分子和技术工人一向互相争斗而不是共同合作。十九世纪和二十世纪的劳工运动在许多方面加剧了而不是解决了中等收入技能集团内部的矛盾。中等收入技能集团中有一种成分专门迎合雇佣劳动者；它是由工会组织者、工会编辑人员、工会秘书、社会主义党的组织者、社会主义党的秘书以及合作社的职员等组成的。这些工作人员常常是老的中等收入技能组织的"叛徒"；他们的父亲可能曾做过商人、农民、教师、职员。另一些人则是来自体力工作者阶层，是通过培养演说技能、写作能力与行政技巧学会躲开体力劳动的。

较老的中等收入集团对出身于无产阶级的或与无产阶级有关系的技能集团怀有强烈的仇恨。这种仇恨的基础之一就是对那些掌握同等技能的人们竟然仅仅由于使用的词汇不同而获得成功的情况所产生的义愤。传道士、教师、律师和新闻工作者所用的工具是咽喉而不是肌肉。当使用舌头和使用打字机的工作伙伴通过用嘘声责骂"资产阶级"和以炫耀的口吻谈论"无产阶级"而把自己的名字列入工资表的时候，不满变成痛苦并凝结成愤慨。

在较老的资产阶级看来，所有这一切都带有很大的虚伪性，而当无产阶级的发言人指控这个集团是剥削者的工具时则更是火上加油，于伤害之上又加侮辱了。这样就容易理解为什么国家社会主义党人在德国夺取政权后很快就从官方机构中将"共产党人"、"社会民主党人"与"民主党人"清扫一空，并把这些人打发到集中营去。取代他们的位置进行统治的是一些和老的中等收入集团关系更为密切的人，不过被叫做“国社党人”罢了。

这种激烈的内部斗争是一个还没有觉醒过来和还没有具备充分阶级觉悟的社会组织的一大标志。它还缺少一项前后一致的政策、一个有号召力的名称和一种有关它的历史使命的鼓舞人心的神话。非常典型的例子是，在美国中等收入技能集团的精力通过在禁酒、禁赌和禁娼等方面的努力而被转移到了取消奴隶制和限制挥霍浪费方面去了。对工业集中化所造成的不平等结果的愤怒浪潮则被分散到了控制“不公平竞争”和获取“低息贷款”的斗争之中。处在不断后退的边远地区边界上的农民和小商人跟随在“16∶1”、“反垄断”和“新自由”这些咒语后面乱跑；但是“恢复竞争”的努力所产生的主要效果却只是使企业团体变得复杂化起来。小农民、小商人、小业主和各种技术工作者被抛弃在一边，他们没有一套共同的有效的政治象征。

花费在布赖恩主义、罗斯福主义、威尔逊主义上的精力本来是可以用来把人们的思想感情组织到那些明确提出中等收入技能集团特殊要求的象征周围的。可以想象，在这许多年的时间里，低收入的农民、店主、教师和教士本来是可以学会提出严格使用国家税收权力以便消灭不合理收入的要求的。假如他们认识到美国实际上是一党制国家的话，他们本来是可以停止把他们潜在的多数选票分散到共和民主党（Republocratic party）中的共和派和民主派两方面的。

今天的情况是中等收入集团连一个能够把它和无产阶级与财阀集团区别开来的公认的名称都失去了。“中产阶级”这个名称与这个中等阶级的个人主义多少是相互排斥的。这个名称从分析上说还比较合适,但从宣传上说则不恰当。中等收入技能集团为了使自己和“外国的”无产阶级有所区别,倒是对经常受到幕后的大工商业界和大金融界支持的鼓动家们使用的“公民”、“美国人”、“爱国者”一类意义含混不清的措辞表示好感。

中等收入技能集团缺乏一个有号召力的名称和一些对国家政策的明确要求,也没有一套关于自己的优越性和自己的命运的神话。可以断言,联系这个阶级的纽带既是外在的又是内在的:说是外在的,是因为它把金钱报酬丧失给了富豪集团;说是内在的,是因为为了获取对社会有用的技能而作出牺牲是他们在精神价值方面一个共有的经历。通过特殊训练获得技能的过程中包含着自我约束,这种特殊训练是机械工、知识分子和企业人员之间相互尊重的一个基础。

不同国家的中等收入技能集团可以从下面的词句中想象出他们的历史任务:在争取社会正义的斗争中重新恢复主动性。在十八世纪时中等收入技能集团的任务是和所有参加者通力合作以便打碎封建君主社会的锁链和力求使牺牲与报酬相称的原则得到确认。

在十九世纪和二十世纪期间,现代工业的发展创造出一个富豪阶级,这个阶级的存在表明牺牲与报酬之间的平衡已被打破。中等收入技能集团的政治“命运”又一次明确化:这就是通过改变有关报酬与牺牲的社会的实践措施来实现社会道德的复兴。

当中等收入技能集团获得了一个有效社会组织的尊严和意识时,它会发现自己已经是一个心理迟滞的受害者了。在受到个人主义词汇支持的各种实践措施已经在牺牲与报酬之间造成了很大矛盾之后，中等收入技能集团还仍然忠实于个人主义的词汇。

尽管遭遇了各种阻碍，人们仍可以辩解说，中等收入技能集团目前正行进在通往最后胜利的道路上。商业、工业和金融资本主义的无情进程已经给予它从事政治活动的刺激。中等收入技能集团可能在物质收入上还没有受到绝对下降的痛苦，但是在心理收入即在尊重上的下降却是不容置疑的。各种技能集团，特别是较老的那些集团已经受到了一方面来自代表无产阶级说话的有组织机构和另一个方面来自富豪统治集团的强大联合企业的掠夺与折磨。

在德国，在长达一个世纪的心理损失之上又加上了战争带来的各种灾难——战败、通货膨胀、经济萧条等等。较老一些的中等收入人员在参加民族社会主义运动中达到了部分自我实现的愿望，甚至把前哈布斯堡王朝海关小职员的儿子希特勒这样一个人推出来充当他们自己的领袖。意大利法西斯运动早就被一个曾经以使用“无产阶级”反抗词汇为生的人利用过。从墨索里尼在成年后改变了他的政治信仰，并对他过去的朋友们进行迫害这个意义上来说，他是一个叛徒，但是从阶级的意义上说，墨索里尼是一个恢复其本来面目的回头浪子。

显然，德国和意大利两国的运动只不过是使上一次世界革命的模式既受限制又被推广的过程中的一些普通事件。莫斯科的统治已遭到了断然拒绝；但是如果认为革命本身已经死亡却是一个错误。限制在接过新模式的某些象征和实际措施的形式下继续进行着，正如法国革命的模式在法国人有权推行革命的理论遭到坚决反驳之后仍然继续传开的情况一样。

这种把俄国革命作为“第二次资产阶级革命”看待的方法可能会鼓励其他国家的中等收入技能集团向权力目标进军，虽然不是在莫斯科的指挥之下。这也可能会使让俄国革命运动求助于无产阶级名义的主张失去重要性。无政府工团主义对体力劳动者发出的起来反对官僚主义国家的号召可能包含着下一次“自下而上的”伟大革命震荡的萌芽。一切迹象都表明，这个号召在可以看得到的未来时间内是徒劳无益的，而“技术革命”则会朝着普遍化的目标向前推进。

本章已对政治事件可以被看作从一种阶级统治形式向另一种阶级统治形式的转变过程这一观点的含义进行了讨论。法国大革命标志着资产阶级的兴起；俄国革命可能标志小资产阶级即技能集团的兴起。下一次重要的革命冲击可能会在体力劳动者反对由社会主义培育起来的官僚主义国家的名义下到来。与此同时，在俄国夺得政权的精英的影响正受到限制——这同一过程曾经限制过革命的法兰西精英的影响范围。然而新的革命模式的主要特征正在一个四分五裂的世界中继续朝着普遍化的方向前进。

第八章　人格

社会生活对于各种形式的政治人格的生存有什么意义呢？从某些方面看，这个有关政治的疑问比阶级分析或技能分析更接近于个人主义社会中的日常态度。谁没有把政治戏剧化，使其成为斯大林与托洛斯基之间，罗斯福与胡佛之间的斗争呢？不管所下的赌注是流放或专制独裁，是总统职位或私人生活，是华盛顿或老家的城镇，赌博者都是一些身份清楚的人物，他们的命运都是激动人心的。

但是值得我们注意的并不是名叫汤姆、迪克和哈里的个别的人。政治分析所关心的问题更多是一般性的而不是个别性的。我们的任务就是要对影响人格类型之成功或失败的各种因素进行研究。在我们把富兰克林们、贝尼托们、阿道夫们和约瑟夫们拿去同他们的前辈、同时代人和后继者进行比较之前，我们必须把他们当作是个人发展的更普遍形式的一些具体实例来看待。

小说家、诗人和画家们长期以来就全神贯注地观察一些细微的差别，这些差别把人们互相结合起来，或者使人们隔着一些看起来似乎不可逾越的误解深渊怒目相视。在阶级与技能斗争的外表后面实际起作用的是人格的辩证法。小说《卡拉马索夫弟兄》描写了使一个人和一种人格与另一个人和另一种人格区分开来的主观上存在的各种细微差别。现代学者曾试图用解说性语言而不用描写性语言去阐明这个含糊不清的领域。弗洛伊德、克拉格斯、容格和克雷齐默的解说性著作已经成为整个西欧文明中有教养的男女人士所接受的共同遗产的一部分。

政治生活从最狭窄的意义上说，就是冲突的生活，它以一些能使自己与所处环境之间发生积极关系的人作为先决条件。感情冲动必须在人类环境中实现外在化。一个得到充分发展的政治人格把一定的动机和一定的技能结合起来，从而把能使冲动外在化的感情能力与足以取得成功的技能融合在一起。

这种感情冲动客观化的要求立刻就会把那些不能做到使感情生活充分自由从而能够在现实世界中表现自己的人格排除在杂乱无章的政治舞台之外。那些躺在专门照顾严重精神病患者的医疗机构病房里的残废人就是证明。有些病例令人信服地证明存在于人格中的一些动因系统与同一人格中的其他动因系统之间的冲突达到了如此尖锐的程度，以致个人的全部精力都被消耗在内部斗争之中，剩不下什么东西来进行面向周围环境的任务。这样的个人可以无所事事地把整天整月的时光消度过去，好像忘掉了他们身外的一切事物。

这种完全内在化的病理图像与积极主动的政治形象之间形成了最大可能的对比。政治活动家把他的私人动机移置到公共事物上面，并运用公共利益的措辞使这种移置合理化。当这种感情上的和象征上的调整与获得操作技能的熟练性结合在一起出现时，一个实在的政治家就呈现在眼前了。

有些与涉及政治的动机和技能如何结合有关联的问题可以结

合对林肯在成熟年代里的行为的思考，提出来进行讨论。林肯在他的公开声明和官方行动中态度坚定，同时也显露出能够调整他的战术使其与不断变化着的现实情况相适应的一种机动灵活的能力。他一直保持着对局势的强有力的然而又不是盛气凌人的控制。可以把他和他的那个性情固执到了残暴程度的国防部长斯坦顿对照起来看看，也可以把他和那个从来没有战斗准备的，其不肯屈从于压力的态度并不代表性格坚定，而只是一种在不自觉的恐惧心理哺育下生成的消极情绪的将军麦克莱伦，或者和那个曾经出过许多空想主意的暴躁的新闻工作者格里利[①]进行对比。

与林肯的公开形象分不开的是他的文雅温和的性格。在一切地方和在他的同事们中间，他的仁慈宽厚是尽人皆知的。和林肯关系密切的人都注意到他在私人关系中过分温柔和缺少坚定性。他们发现他在管教自己的孩子方面怎样毫无办法，他对他的苛刻的妻子怎样过分放任。对这种温和性格的真正量度在于即使碰到挑衅他还是继续如此。林肯听任自己大发雷霆的情况是极其少见的。但是有一次一个想要强迫总统同意他的要求的军官用轻蔑的态度说："我看你已经打定主意不公平对待我了！"林肯的面部在痛苦中抽搐起来，据说他当时就抓住这个军官的领口并毫不客气地把这个人撵出房间。

他的同时代人看到他紧锁的眉头、下陷的脸颊、闪闪发光的眼睛和沉思的样子，对他的忧愁产生了深刻的印象。他们在葛底斯

① 格里利(Greeley，Horace，1811—1872)，美国报纸编辑。以反映美国北方反对奴隶制的强烈思想感情而闻名。——编注

堡看到他流了泪。和林肯私人关系密切的人发现忧愁是他的抑郁心情的许多表现之一。林肯经受着失眠症、自卑感、负担过重、悲观情绪等各种折磨。有时候总统曾想要自杀。在钱瑟勒斯维尔战役中，当胡克将军败退下来时，斯坦顿说，林肯举起双手高喊："我的上帝呀！斯坦顿，我们的事业完蛋了！这是我忍受不了的！"后来总统曾经说过，他当时已经下定决心要在波托马克河中了结他的生命。

林肯的忧愁有时候由于他爱说笑话而得到缓解，这种笑话往往是以一种容易得罪有教养的人和容易使庄稼人高兴的没有拘束的形式说出来的。他对工作极端认真负责的态度使他越来越多地中断了私人交往。他的忠诚老实和对人一丝不苟的公平态度是显而易见的。和他的耐心与温和性格紧密相联的是对个人批评的容忍态度。当然，林肯个人的勇气是不容置疑的。

用不着对这个人的多重人格进行详细综合，只要稍停片刻思考一下它的一些主要特点，我们就必然会对在他对待技术性对象（他的公共职务）的坚定性和对他的妻子所表现的从属式的被动忍耐态度之间存在的差距产生深刻印象。另一件很清楚的事情是，林肯把他的大量精力花费在各种反自我反应上——包括从阴暗的心情和沉闷的幻想到自杀的念头在内的全部思想活动。他在觉醒状态下的生活中所带的忧郁色彩和那些很少有思想折磨、生活在安宁而自信环境中的人们的主观情调形成鲜明的对比。显然，林肯的巨大精力中有很大部分不是在应付他的周围环境上对外发生作用，而是反回来对他的人格起作用；这种内在化了的精力的大部分是以病态的而不是雄伟壮丽的幻想的形式表现出来。

有充分的证据说明林肯对广大公众的赞赏是抱有强烈渴望的。当钱瑟勒斯维尔的消息像炸弹一样突然在他眼前爆炸时，他的反应并不光是“我们的事业完蛋了！”，而是问“人民会说什么呢？”其他许多总统都经历过明显的灾难时刻，却没有表现出这样大的对公众情绪的依赖，更没有在看起来会失去公众赞赏的时候走向计划自杀的绝路。

林肯人格的大部分是为了反对过分要求广大公众赞赏的热望而构筑起来的一道防线。通过不断地把公正的而不是迎合公众的思想糅合进他的行动之中去，通过对倾泻在他头上的雪崩似的批评最大可能地不予理睬，林肯做到了在他自己的对不断赞赏的强烈渴望面前设置起一道道缓冲地带。

这种人格类型在什么情况下才能登上显要地位呢？林肯能够从西沃德[①]那里把总统提名夺走，主要是因为他说话不像西沃德那样专横武断。在共和党举行代表大会时西沃德深孚众望是肯定无疑的。但是共和党当时很想在选举中赢得胜利，而必须顾及的新泽西、宾夕法尼亚、印第安纳和伊利诺斯几个州的态度尚不明确。如果提出像西沃德这种说话直率的人去参加竞选，共和党在对付民主党候选人道格拉斯上就会处于不利的地位。西沃德求助于超于宪法之上的“更高法规”。在政治发展到这个阶段的时候他这样说话是令人吃惊的。这似乎表示出他要把事情蛮干到底的高傲决心。北方各州本身就是分裂的。除了宪法问题外，反奴隶制

① 西沃德(Seward, William Henry, 1801—1872)，美国反对奴隶制的政治活动家，曾任国务卿(1861—1869)。——编注

的情绪也并不完全一致。林肯在坚定性方面表现出众，但是他说话时的用语却似乎掩盖了危机的严重性。林肯曾谈到过用“道德法规”来补充立法法规的问题。正如他的传记编写入之一 L. 皮尔斯·克拉克所说的：“两种观点的原则是相同的，但是林肯懂得怎样说明这个原则使它不会吓坏别人。当然有许多人一定会知道它们在本质上并没有不同之处。”林肯不像西沃德那样残酷无情和专横傲慢，他有更多的和解性和更容易博得别人的欢心。在危机的这一阶段，他的人格更易于让人接受。

在选举获胜后，林肯逐渐领导着北方各州组成了一个反对分裂和反对奴隶制的统一阵线。他有能力抑制各种破坏性的感情冲动，使它们与现实相调和，或使它们转过来反对他自己，这种能力是很适应当时的形势的。被地方间、教派间以及其他分歧弄得四分五裂的北方各州慢慢地走向而不是一下子冲向日益逼近的战争。南方人在“我们神圣的制度”名义下统一起来迈步向前迎接危机。林肯的坚定与温和的混合体则交替使用命令或哄骗的手段把北方人引向了统一的行动。

如果北方人原来就是统一的而不是分裂的，林肯就很可能登不上最高的位置。南方的领导人中确实几乎没有林肯这种类型的人物。团结的人民在受到攻击时会变得专横武断起来。正如由各种不同成分组成的人民在危机中间会变得更加团结一样，部分地作为对过去那些怀疑与顾虑的一种反应，这些团结的人民会变得更加残酷无情。总的趋势是，和解式的人格要被看成是优柔寡断的弱者而被推到一边去。请记住，林肯在 1864 年差一点就遭到了失败。

从林肯把他对感情反应的强烈渴望由关系亲密的小圈子转移到广大公众上，和他在口头笔头论述上都获得了能使他取得成功的足够技能这种意义上来说，认为林肯是一个鼓动家是正确的。然而他又不仅仅是一个纯粹起鼓动作用的角色，因为和格里利不同，他做到了能够充分地约束自己的破坏情绪从而使他得以在组织中对其他人的作用进行协调。

现在我们来对林肯表现出来的发展类型作些解释吧。这里立刻就会出现三个问题。对爱的要求在什么情况下会由初级群体的公众转向次级群体的公众？在什么情况下会出现对爱的过分的要求？过分激烈的感情冲动什么时候受到控制并且部分地转而作用于自己？

在亲密的范围内遭到失败有利于使追求反应的强烈要求由亲近的小圈子转向更大范围的公众。我们已经看到林肯的婚姻在感情上是不成功的，如果我们再深入一步去研究他的历史，我们就会发现林肯在和妇女的关系上曾表现过一些困难。在“不幸的 1841 年 1 月 1 日”那天，他突然患了抑郁症，使玛丽·托德一个人等在教堂的圣坛上，他的病情非常严重，以致医生们至今在确诊为神经病性反应或精神病性反应上意见还不一致。在安·拉特利奇逝世时，林肯陷入了严重的抑郁状态，而且，在这以前，当他母亲去世时——当时他才九岁——他就曾患过重病。尽管他和与自己同龄的女子相处时表现得怕羞和没有经验，他和通常比自己年纪更大的母亲般的妇女却相处得很融洽。他向政治界公众的转移可以归因于他把注意力集中到曾抚育培养过他的那个环境中的政治活动。

这种由于在初级群体中没有得到解决，而在转移中得到了部分解决的对爱的巨大要求的根源是什么呢？当我们的研究对象是一个愿意尝试用自由联想（心理分析）的方法和通过想到什么就说出什么来理解自己的活人时，我们是能够了解到有关他早期成长经历的大量情况的。许多老的早已被忘掉的事情会被回想起来，许多已成为过去的情欲冲动会被重新发现出来。当然，在对林肯的研究上这种方法是不适用的。但是，心理分析家们却经常对一些显示林肯生活主要特点的人格进行研究。

人们发现，年幼的儿童由于其母亲在喂奶时或在抚弄他的身体时对他娇惯过度，他可能会在放弃喂奶的要求上表现出极大的不情愿。从口中吞食东西的欲望、依靠别人的欲望、受人照顾的欲望、保持懒散状态的欲望可能会变得非常强烈。所以，一个人总是会相对固定在早期对客观世界的反应方式上，而在后期发展中则要遭遇许许多多的困难。在后来遇到危机时，这个人就容易退回到这种早期固定的反应方式上去并继续保持不成熟状态。

林肯早年的环境就某些方面而言在感情上是不稳定的。他的父亲常常是很苛刻，又常常是放纵惯养的。这种相互矛盾的对待方式造成了被抚爱的极不稳定状态。没有证据表明年轻的林肯对他父亲给他造成的各种障碍是用难于驾驭的态度来回报的。也没有任何证据表明他放弃了斗争，完全退回到自我中去。但是却有充分证据表明，林肯在人生道路上碰到困难时，存在强大的倒退趋势。据记载，在他一生中每当遇到严重危机的时候，他就会在梦中见到一条船。这种梦与我们文化中经常遇到和经常被描写的同类人在同类情况下所做的梦属于同一类型。

一般说，我们可以把行为看作一整套沿着不同路径以不同速度向着完成的目标行进的一系列行动。一个完成了的行动是从感情冲动开始经过主观意识达到表现，最后恢复到与冲动萌发前极其相似的那种状态的一连串活动。比如饥饿时胃的收缩会跟着和伴随着发生饥饿的主观意识，并伴随着发生喂养活动——要等到饥饿收缩消失后这一活动才完成。婴儿的身体具有完成某些行动的功能，如吸奶、吞食和排便。当这些行动受到干扰时，可能出现替代行动，或者出现固执与狂怒的反应。如果固执与狂怒反应都不能成功地使障碍排除掉，这些反应就可能转过来反对人格本身，形成一种使那种冲动无法完成的内在抵抗力。通过这一过程可能产生一种严峻的抑制与强迫系统。①

母亲或保姆不仅会迁就婴儿和幼孩，有时也会拒绝他们的要求。所以对孩子来说，母亲是既“好”又“坏”（因此孩子的态度是矛盾的）。当孩子被夺走亲爱者的时候（如因死亡），抑郁的基础就奠定了，他的反应是倒退式的，也就是用幻想来代替现实。“好”母亲在孩子的回忆中是一个完美无缺的迁就纵容的母亲。但是在同一个时候对“坏”母亲的狂怒却被转加到自己身上。可见在极端情况下个人会代表他的人格的一部分去惩罚他的另一部分人格。当孩子们在严重的矛盾心理状态中遭受巨大损失时，他们的反应常常以这种抑郁的形式出现。其后，他们将按照婴儿时期的矛盾心理

---

① 为了技术上的目的，可以将原始的表现类型称之为里比多系统（libidinal channels）；将固执与狂怒式反应称为自我系统（ego channels）。其他类型可以通称为变态。变态包括完全压抑、部分压抑、自居作用、投射、受虐狂、超脱及其他几种不在这里讨论的反应。详情请见弗洛伊德的权威性论著。

模式去爱人们。如果他们得不到不断的爱的供应，狂怒就要占据上风，但是这种狂怒又要被内化为抑郁的形式，甚或自杀。

为什么会发生这种内在化呢？原因在于对损失的强烈的恐惧感。对肉体报复的恐惧，对丧失未来的爱的恐惧，对受人蔑视的恐惧都可能促成这种恐惧感。固执和狂怒的策略可能失败，但是希望采取抗拒行动的冲动虽然被克制，却不会被放弃。一个强有力的抑制结构总是经常不断地和强烈的感情冲动发生冲突。这种人都过度胆小甚或过于诚实。人们记得，林肯就是因为他的谨小慎微和忠厚老实而出名的。隐藏在他内心深处的破坏倾向很少爆发出来成为外在的表现。我们只知道林肯对希尔兹的极端施虐狂式的攻击，或许还有他写给格里格斯比一家的那些匿名信（这些信的可靠性还在争议中）。

显然我们必须把林肯归入部分受到抑制的狂怒类型。相对不受抑制的狂怒类型人物与他人的冲突经常达到如此频繁的程度，以致他们在政治活动中起不了什么作用。这样的人都是极端任性、极端粗暴、极端跋扈、极端自私自利的。习惯于把发脾气和耍野蛮当作对遭到拒绝的回报的孩子在成年后不仅得不到爱，而且会使他愤愤不平地坚持用原来的方式对待周围世界的倾向大大加强。不受抑制的狂怒型能够通过威吓达到某些目的，但是由于社会方面的自卫行为他们会不断地遇到困难。这种不受抑制的狂怒型中有许多人加入到好斗成性的违法者、不能被雇用者和犯罪分子的队伍中去。

在任意胡为威胁周围环境中所取得的成功会养成一种倾向于使用专横暴力的人格。拿破仑一世似乎从他出生的第二年起就已经通过任性取得了成功。以后他成为一个好争吵和好斗的孩子；在五岁时，当他的父母为了要抑制他粗暴的性格而把他送进一所女子学校时，他的教师和同学们由于他是唯一的一个男孩子而对他的古怪性格采取宽容的态度，从而宠坏了他。显然拿破仑是死抱着母亲的意象不放，并对来自一向被他“拳打和嘴咬”的大哥约瑟夫的竞争感到愤恨。即便取得了成功，他对尊崇的过度追求也只是部分地得到了满足；因为一个卑微的自我形象，不管他怎样与之进行斗争，总是追随着他。在布里埃纳军事学校的同伴中间，他总是感到无可挽救的低人一等，因为他的身高只有五英尺五。他被人讥笑是穷小子和是科西嘉人。他由于害怕他的性器官发育不全而暗地里大伤脑筋，所以他把积极进行性生活当作使他自己对他的可疑男性特征感到放心的一种经常手段。但是拿破仑在一生中都处在忧郁的心情和自卑与孤独的幻想中。这些心理在一定程度上因为自命无比崇高与伟大而有所缓解：“我不是一般的人，礼仪和道德的规则对我都不适用。”但是，一种对图谋不轨的周围环境过分夸大的恐惧感却总是缠附在他身上。拿破仑在一些基本方面非常接近于真正的政治型人物。由于他贪得无厌地追求同胞们对他的自我作出尊崇的姿态，他对自然界的客观变化过程或美的环境都没有持久的兴趣。他为受到损伤的自我不断寻求成功的止痛药膏，他常常要战胜由他自己造成的肢体残缺。

在集体危机中，受抑制的狂怒型人格常常被解除了他们对破坏性所做的抑制。他们倾向于通过使他们自己与能为集体接受的象征和实践措施结合在一起来加强他们的人格。这样他们就能够在政治运动中发挥作用，而这些运动对性情暴躁的、无法控制的、不耐烦的狂怒型人物却总是闭门不纳的。

有一种在日常用语中被描写为“意志崩溃了的”孩子的几乎完全受到抑制的狂怒型人格。各种攻击性倾向都要受到这种把环境本身看得非常危险的人格的拒绝，所以它表现为过度的怯懦。

部分受抑制的狂怒群可能表现为强烈的受虐狂。林肯由于经受了大量的精神折磨，所以能做到让他的攻击性感情冲动以坚定性的形式表现出来，而没有使起妨碍作用的内疚心理积累起来成为灾难性负担。受苦受难抵消了内疚，也把情欲释放出来使其得到了表现。他的明显受难情况赢得了一些熟悉他的和感到对一个经受了这么多内心痛苦的人必须给予帮助的人们的同情。真正的受虐狂人格是渴望得到钟爱的，正如卡伦·霍尔奈强调指出的那样，他们常常以肉体性欲和感受到亲密者对他们的纵容作为手段来保证使自己不受那些因压制深藏在他们天性中的破坏成分而引起的忧虑感的影响。

这种极端受虐狂型的人物常常对那些使他们自己的攻击性外在化的攻击型人格无限忠诚、百依百顺。一切拥有优势的领袖的随从中很可能都包括有这种全心全意为“首长”和为“事业”诚心诚意服务的受虐狂人物。

对待内心痛苦的另外一种主要方式是超脱。林肯的复杂人格中在某种程度上就含有这种方式。极端的超脱可能表现在看起来“不近人情”的行动中。有关的个人可能是彬彬有礼的，但绝不是出于自然。一层觉察不出的薄冰把更多的富于表现的本性冻结起来了。

过分超脱是一位因偶然机会被卷入实际政治活动中的化学家

的人格标志。这个人的同事们都知道他在数学和实验科学方面具有非凡的天才。在私人交往中他是安静、文雅、有礼貌、说话声音柔和和寡于言笑的。最了解他的人觉察到他的内心世界缺乏感情色彩,没有强烈的热情、抑郁感、怒气或爱情。他对待客观世界的态度似乎是沉着和冷静。当他在替他的革命友人经营的"炸弹工厂"里因一次爆炸事故被震倒在地时,警察才注意到他。从为了精神分析而进行的谈话中发现他对他的朋友们的革命哲学并不关心。他开设这家"炸弹工厂"作为一种副业,部分原因是因为他对这里所包含的技术问题有兴趣,部分原因是因为他想搞好与朋友间的关系。

然而,在这些谈话之初就得到了一个重要的发现。他声称他受到一种企图从他的实验室窗户扔出一枚炸弹,把整个厂房破坏掉的无法抗拒的情绪冲动的袭击。于是,好像在梦中一样,他走到俯瞰院子的窗户前,扔出炸弹,破坏了附近的一些房间。

以后,他又回忆起来,同样的企图进行破坏的突发的情绪冲动过去曾几次侵袭和控制过他。一次在攀登阿尔卑斯山顶峰的时候,他产生了一种幻觉,觉得只要把他手边的一块大石头略微摇动一下,这石头就会滚下山去,打中在他下面的一个人。这时,好像有一种奇怪的力量支配着他的手,推开石头,马上他的同伴就倒在地上死了。化学家并没有感到惊恐,而只是感到有点奇怪。他并没有意识到这种破坏性的感情冲动属于他自己的人格。

在极端的"无情状态"中,行为者本人往往具有一个健全发展的"旁观者自我",这个"旁观者自我",似乎能够观察他的精神活动而没有本身被卷入的感觉。如果这样的人格出现在政治中,它经常是作为理论家或是在偶然的情况下发生的。

林肯的人格常常被用来和格里利那样的迫害型鼓动家进行对比。格里利型人物的基础可能在于大量使用投射和转移作为应付内疚倾向与敌对倾向的方法。这些鼓动家的共同之处是他们都在与亲密对象的关系中取得充分迁就与纵容方面遭到了失败，因此他们都把这种共同的热望转向一个扩大了范围的客体世界。他们采取把内心的自疚意识投射于外在世界的办法成功地使他们自我肯定的感情冲动外在化；如果世界是错的，他们对它进行攻击就是对的。这种心理调整在逆境中陷于崩溃的事实证明它是靠不住的。当格里利在财产上遭到损失和后期在政治上失败时，他得了严重的忧郁症就是一个例子。他的攻击行为朝着他自己翻转过来，于是他便在这个充满行动的世界中悄然消失了。

有些人格是因为傲慢的而不是迫害的态度引人注目的。对傲慢的人所进行的分析说明傲慢态度的功能基础在于对自我轻视所作的斗争。把对自我的轻视转移为对环境的轻视，把客观世界作为可以轻视的东西来对待，该种人格就能够减少内在的危机。当一个孩子正在为控制他的排便而努力时，常常用言语来表示轻蔑。“发臭味”是应当被厌恶和应当感到羞耻的。把“你发臭味”当作正确的自我评价接受下来的倾向要和把这种评价投射到环境中去的倾向进行斗争。把环境当成臭味的发源地用轻蔑的态度对待它，自尊心就常常可以保全。①

① 有些更带报复性的、吝啬小气的和遮遮掩掩的性格倾向与保姆对大小便的干涉有关。婴幼儿和小孩们可能依恋憋大便时的快感而对侵犯隐私的行为和遵守成规的劝告表现不满。

解决因破坏性冲动受抑制而引起的紧张状态的另外一种方法是发疯般地和强制性地采取行动，这类反应包括从斯坦顿（此人以他用全部精力、坏脾气和残忍去从事工作而使人惊异）直到官僚主义者们和用翻来覆去的仪式把自己束缚起来的司仪官员们的行为举止。这些人在受到各种破坏倾向的烦扰时，用规定、官样文章、例行手续、陈规老套使它们暂时缓和下去。各种破坏性感情冲动从对客观世界进行烦扰、激怒和冷眼漠视中得到表现。

某些外倾性人格形式对一时的情绪作出激烈的反应。对这些人格进行的研究揭示出一种肤浅的主观生活来。这样的人常常在商业、性和社交方面活动过度与极其沮丧、疲倦和睡大觉之间突然摆动。吵吵嚷嚷和纠缠不休的谋求擢升型人物就是经常来自这些外倾型人格。他们通常对别人的反应感觉迟钝，觉察不到厌烦情绪，把人当作似乎是分成少数简单几类的东西一样对待。更加深入的研究发现存在一些尖锐的发展上的危机，逃进外倾性格就是解决这些危机的一种方法。

哲学家和研究自然与世界的思想家通常都是来自抑制型人格这一点已经得到了人们的公认。亚历山大·赫兹伯格在《哲学家的心理》一书中搜集了有关三十位世界知名哲学家的私人生活资料。他们中的大多数人在投身于一种职业时都曾表现得犹豫不决，而且在他们所从事的职业中效率都不高。大多数人都不愿意或无能力挣钱。这些哲学家们在婚姻生活上都表现出明显的特殊性：15 人根本没有结婚，6 人结婚的时间很晚，4 人结婚后生活不幸福，两人和配偶分离了。许多人对社会交往表现胆怯，或不适于进行社会活动。赫兹伯格发现他们在政治上同样不合格。柏拉图在企图运用实际影响力时遭到了失败，亚里士多德失了宠。培根因有受贿行为而丢了脸，密尔曾经受过许多挫折。最大的例外是休谟，无论是当秘书，还是以后当英国驻巴黎大使的副手，以及最后当副国务大臣，他都是非常成功的。所有这些人似乎都具有一种强烈的感情生活，他们是如此严厉地用道德观念抑制这种感情生活，以致他们应付直接现实问题的努力都受到了束缚；因此，他们只好求助于思想。

既然我们已经看到，许多积极活跃的政治家都受到强有力的道德观念的驱使，我们就可以考察一下在哲学、精神病或政治等方面是否会产生结果的决定性因素。根据不完全的资料判断，鼓动家是在多数方面与哲学家有共同点的政治家。大体上，他们在性格形成时期所处的环境都是非常纵容迁就的，但是这种纵容迁就的环境常因突然被夺去而陷于中断。家庭中父母间不稳定的关系意味着感情上欢乐的气候随时有遇到翻天覆地的暴风雨的危险；这样孩子就懂得了怎样对变化不定的人类态度作出敏感的反应。

很明显，严重的危机可能使个人的内心困难得到解决，使他受抑制的感情冲动被解放出来在外部世界中表现它们自己。在炮火硝烟中侥幸逃生的怕羞和胆小的男孩子们突然变成了沉着、勇敢和老练的人物。焦虑的感情被“发泄”掉了，被克服了。

当危机向暴力方面发展时，不受抑制的狂怒型人物在发泄他们施虐狂的冲动方面得到更多的社会认可。受抑制的狂怒型人物，由于消除了对受报复的恐惧而扩大了他们攻击倾向的活动范围。过分自信型人物也诉诸残忍，虽然这种残忍带有较少的过度残暴性和报复性色彩。在危机的初始阶段，在不同地方和不同程度上会出现感情解决方式。在那些由于意见不统一而无法作出决定的地方，和解式人格很受欢迎。一旦达到了紧迫的统一之后，他们就被人们放诸脑后了。在危机的善后时期中，独裁性较小的类型在名望的天平上会增加新的分量。

在经济急速扩展与急速收缩的变化中，当代世界的不安全性日趋严重，它造成了持久性危机的各种条件。这种持久性危机有利于鼓动家夺取权力，有利于使用残酷暴力者保持权力。

第九章　态度

社会生活对相继出现的精英集团的政治态度有什么意义呢？很明显，各种非常不同的人格形式可能具有相同的政治观点，可能属于同一个精英集团。在某个时候占优势的态度可能是“地方性的”、“区域性的”、“国家性的”或“世界性的”。而在另一个时候占统治地位的态度可能是对“阶级”或对“技能”的忠诚。统治集团在某些情况下富有战斗性，但他们通常又是“和解性的”。政治是一个不断变化着的忠诚、战略与战术的模型；政治分析有可能对时间长河中相继出现的占优势地位的态度进行十分恰当的考察。

具有最严重政治影响的行为是那些改变社会环境的行为。政治行为由于在它们走向完成的过程中要涉及到环境，因此都是客观化行为。内化行为则只牵涉有机体本身。如果我们在某一段时间内对任何一个人进行观察，我们也许会发现他对周围环境给予刺激，反过来他也直接受这一环境的刺激。他的行为毫无疑问是目标定向行为。但是如果一个人与紧靠自身的环境失去接触达五分钟之久，我们对他的主观反应的性质就不能决定了。他也许正在解决一个将在未来某种局势中发展成与局势有关的行动的一个问题。如果是这样的话，他的思维就是调整性思维。但是他也可能陷入对他自己的缺点的悲观的反省之中，其结果只能加重他的沮丧心情而不能导致任何会使他与世界之间的关系发生变化的行动。在这种情况下，他的思维就是我向（全神贯注于自身的）思维。另外还有一种可能由研究主体本身表现出来的重要反应。他可能由于胃病、皮肤病或没有任何创伤根据的头痛而变成了在爱情或工作上丧失能力的人。这些反应就是躯体性（身体上的）转变。

以上列举的四种反应形式可以扼要地重述一遍：

目标定向行为

调整性思维

我向思维

躯体性转变

政治家的行为经常表现出一些可以用这些词语简要加以描述的明显变化。当国会议员某先生在选举中遭到失败时，他摇身一变成为华盛顿的一名律师兼院外活动集团成员，很快就和政治界建立起一种新的关系来。当他的妻子死去时，他立刻再次结婚。其他的人在应付职业上或私生活上类似挫折时则是退出眼前的现实生活并全心全意致力于创造性研究工作或写作生活。马基亚弗利把精力转移到研究历史与政治学上，就是由于在政治生涯中遭受挫折造成的。其他人受挫后的反应常常是沉溺于幻想之中或因身体上的病痛而造成能力丧失。有一个市政会成员每次在选举失败时总是垂头丧气，拒绝进食并到疗养院去休养，在疗养院中他总是沉溺于病态的自杀幻想之中。他的朋友们总是提名他再度竞选公职，一旦当选，他就会立刻抛开他的各种困难，和平时一样有效率地进行工作。还有另一个市政会成员，在选举中碰了钉子时总是要患胆囊病或其他类似的疾病。

政治本身常常是在其他生活领域中丧失了某些东西后出现的一种替代反应。在尤金·奥尼尔的《哀悼变为厄勒克特拉》里面，埃兹拉·曼农准将对他的妻子说了下面这些话：

> “也许你早就知道你并不爱我。我想起了墨西哥战争。我看到你当时就想叫我走开。我感觉那时你就已经恨我了……这就是我为什么离开的原因。我原本希望我可能被打死。也许你当时也是这样希望的……当我回来的时候，你已经转向你的新生婴儿奥伦了……我则转向了文尼，但是女儿到底不等于妻子。于是我下决心要在世界上做我的事情，让你独自一人无忧无虑地过你的生活。这就是光靠分离不能解决问题的原因——为什么我变成一个法官、一个市长和诸如此类的废物的原因，也是为什么镇上的人们都把我看作一个能人的原因！哈哈！”

索尔·K. 帕多弗在约瑟夫二世[①]的一本传记中揭示了约瑟夫的妻子帕尔马的伊莎贝之死对约瑟夫所产生的影响，以及当他后来发现这个忧郁的妻子从来也没有爱过他的事实而使他更为痛苦不堪的情况。从那时起，约瑟夫成了一个“冷酷无情的、干巴巴的和悲痛的”人，完全埋头于行政管理工作之中，对女人态度苛刻、冷淡和藐视。用卡萨诺瓦[②]的一句尖刻的话来说，“骄傲和自杀”甚至表现在约瑟夫的脸上。

甚至一种迁就纵容的环境也不一定总是会引发出相同的反应。一次晋升可能释放出新的活力；一个新的办公室主任可能头脑里充满了新计划新思想，也可能找到一个妻子。一本书的成功

---

① 约瑟夫二世(Joseph Ⅱ，Emperor，1741—1790)，神圣罗马帝国皇帝(1765—1790 在位)。——编注

② 卡萨诺瓦(Casanova，Giovanni Giacomo，1725—1798)，意大利教士、作家、士兵、间谍和外交官。——编注

可能使作者接着写出一大摞书来。但是有的时候成功引起的反应却是异乎寻常的不相称。有关的个人可能会对自己的能力产生严重怀疑，变得更加忧郁和悲观沮丧起来。他可能出现身体上的症状，或沉溺于超量服用毒品之中。他还可能变得傲慢自大、专横跋扈和残忍无情，从而为走向最后失败铺平了道路。弗洛伊德就曾描写过在成功到来时身败名裂的一些典型人物。他发现这些人在担任权威角色、发号施令和受人注意的机会面前常常受到不自觉的内疚心情的支配。

我们可以把上面指出的这些个别事件放到它们所发生的那个更大范围的全局里去观察。在任何社会里，对于每一种剥夺和纵容，各种反应形式都存在着与之相并行的其他同类事件，或与之相背离的不正常事件。我们可以把带有特定事件群特点的序列分离出来。

例如，失业是现代世界中每一个社会加于它的成员头上的一种经常性剥夺。个人反应包括了内化和外化解决的全部形式。可能发生最后导向自杀的对失败的病态的自我谴责；也可能出现功能性的身体疾病。可能出现对白日梦、冒险小说或电影浪漫故事中那些异想天开的幻想日益增长的迷恋。还可能出现为了掌握在新的机会出现时会非常有用的技能而进行自学的情况。还可能出现致力于经济状况研究的情况；这种做法可能导致提出对现实环境进行公开变革的明确要求。

受阻碍的过分自信的冲动情绪在一定程度上可以被转移到周围环境中的旁人身上；这时那个人就会变得喜欢争吵不休。受阻碍的生活兴趣在一定程度上可以从性行为和交际活动中得到表现。过分自信也可以用盗窃或抢劫这样一些受到社会谴责的方式来加以抵消。在和公共救济管理人这类当局的代表接触时，个人的攻击性行为可能增加，有关的人可以用“忠实的公民”、“曾为国家受过苦难的前军人”这样一些集体象征来对自己或对别人替这些行为进行辩护。个人的恐怖行动可以得到辩护，说是为了“摧毁腐败的制度”。

与私人活动有区别的有组织活动可以表现在各种不使公开环境改变的仪式之中。人们可以把自己与那些把很多时间花费在忏悔、唱歌、跳舞和听讲上的教派结合在一起。有时一个组织也可能提出一些简单的和有限度的要求。比如，失业者委员会可能对行政管理人员“滥用”职权提出抗议。当然，也可能有一些有关重建制度的复杂要求。这种较大的要求可能与拉选票和投票等常规的方法结合在一起，也可能与总罢工和武装起义等激烈的和被禁止的方法结合在一起。

以上各种可供挑选的方法可以用下面这种一般形式加以表现：

私人内化行动
私人外化行动
社会内化行动
社会外化行动

政治分析部分地涉及到发现什么人在什么情况下以什么方式采取行动的问题。一定形势下的行动可以通过注意卷入这次行动的人们过去在类似形势下是如何反应的和取得过什么样的成功来部分地进行预测。

加布里埃尔·阿尔蒙德和本书作者对芝加哥失业人员进行研究的目的，就在于对我们关于什么人怎样对失业的困难作出反应方面的知识能有所贡献。谁会诉诸“私人外化行动”，谁又会诉诸“社会外化行动”呢？

在面对面关系中采取极端攻击性行动被发现是有组织抗议的一种替代方法。极端攻击性行动是在观察上访者在他们与公共救济行政管理人员接触时所采取的行动时发现的。将100个极端攻击性行为者作为样本与100个属于诸如工人委员会或失业者委员会一类抗议组织的成员在某些方面加以对照，极端攻击性行为者与有组织行动者不同的是，他们极少在经济萧条之前参加过党派、工会或兄弟会组织；他们变换工作更为频繁，接受过私人或公共救济的次数更多；他们曾有过更多的像殴打他人之类的感情冲动性犯法行为；他们逃避个人责任（如抛弃妻子）的也更多。

一般说，极端攻击性行为者都属于心理变态的人格，他们自我陶醉到了如此狂热的程度，以致他们拿不出更多的爱来给予有组织活动；他们对自己人格中的各种顺从倾向极端反感，甚至到了憎恨纪律的程度；他们对自己的感情冲动不能控制以致经常和同伴们发生冲突。他们是外化的狂怒型人物，只有在危机达到极端严重时才可能参加有组织的活动。一旦有组织行动碰到困难时，这类人格就要摆脱纪律对他们的束缚，退回到孤立状态中去。

极端顺从听话同样也是有组织抗议的一种替代行动。100个极端顺从者和100个参加抗议组织的成员对比起来，顺从者中在经济萧条前曾经有过组织联系的是极少数（特别是与抗议组织有过联系的更少）。他们很少有过违犯法律或习俗的行为；他们在工作中保持谦逊的态度；他们来自美国或欧洲的农业地区；他们常常被他们的环境污辱过（像黑人是种族歧视的目标那样）。

显然，最有可能用集体方式来坚持自己主张的是那些曾经做过工会、兄弟会以及其他类似协会会员的人们。这种同世界打交道的方式同样也被用到处理紧急形势上去。

以参加革命党这种形式表现出来的过分自信对那些从前曾和激进政党有过联系的人和那些公然反抗过习俗的人有吸引力。共产党领导的组织的领导人是由一些比社会党领导的组织的领导人曾有过更多的在感情冲动方面违法行为的人所组成的。社会党领导人在对财产的预谋性犯罪上显示出更大的发生率。大多数激进领导人犯的是像殴打一类的感情冲动罪，而不是像伪造罪之类的“预谋性犯罪”。这样的领导人和上面讲过的极端攻击性人格之间有许多相同的地方。

失业组织的领导人来自政党、企业和经济萧条前的社会生活中的领导人；普通成员来自经济萧条前各种组织的普通成员。激进运动领导人与激进性较小的运动领导人在训练、技能和社会关系上的相似之处比他们与普通成员之间的相似处要更多些。联系他们和普通成员的主要纽带是领导人赖以取得支持所用的象征。

了解政治生活逐渐过时的过程是很重要的。没有“取得成果”的组织使它们的一些成员趋于消极，另一些成员则转向对立的象征与实践措施。比较调查的结果似乎说明，处于任何一个有组织的运动中的统治精英与普通成员相比流动性要小一些；归根到底，统治者们总是能够从他们的法定地位中取得收入、尊重、有时候还有安全这些价值的。他们与他们的职业间建立起来的法定的和感情上的联系比起他们与普通成员间的联系来要更确实得多。1931年对柏林中区一个社会民主党支部的抽样调查表明，党员中有60％的人党龄不到5年。另一份对75,000名党员的调查报告表明，有50％的党员党龄不到5年。特别是青年人，随着反复出现的成功的或失败的浪潮，他们对整个局势的估计相应地发生变化，他们从社会民主党组织转到共产党组织，以后又转到纳粹党组织，甚至又转回来。广大群众极少会充分活跃或充分激进到足以把他们自己和特定的表达方式牢固地联系在一起的程度。一位抱自我批评态度的社会民主党作家证明，尽管进行了几代人的无产阶级的鼓动和组织工作，纳粹德国时期以前的无产阶级组织对可以称作无产阶级的群众的控制能力是微不足道的。在四千万无产者中只有2.5％可以算作无产阶级政党（社会民主党、共产党和一些分裂出去的共产党的派别）的正式党员。工资或薪金工作者中65％的人没有参加工会，而参加了工会的会员中有28％的人所参加的工会属于“资产阶级的联合会”（例如那些宗教组织控制下的工会）。

重新调整的问题显然和普遍不安全的程度有关系，这种不安全是把环境的变化解释为予以纵容或予以剥夺的分析方法的一个函数。考底利耶所著的印度经典著作《政事论》将不满意者区分为“被挑动者”、“被恐吓者”、“有野心者”和“傲慢自大者”，并考察了鼓动他们起来反对某一个统治者或是把他们争取过来的各种方法。现代分析的主要贡献无疑是对时机的发现，和对各种推进或阻碍世界运动的变化过程的强调。显然，同等规模的失业状况对于与现时革命浪潮中心靠近的精英比对于距离这个中心很远的精英可能要危险得多。华沙所受的威胁比纽约就大得多。

讨论的焦点到目前为止一直是人与人之间的关系，或人与社会之间的关系。同样的分析类别在研究社会与社会之间的关系上，特别在研究现代国家体系中一个国家与其他国家的关系上也是适用的。一个国家突然战败可能会在这个国家受屈辱的领导人中间引起一股自杀的浪潮，以及像宗教复活这样的集体内化行为。为了恢复过去的地位和强行报复，有组织的行动还可能致力于国家的经济与技术恢复(1870年后的法国，1918年后的德国)。

同样的主要分类也可用于研究对立文化中人们之间发生接触所带来的各种后果。

随着欧洲文明的扩张，接踵而来的是许多文化危机的汹涌波涛。这些文化危机的各不相同的结果为文化适应与文化崩溃提供了例证。在所发生的结果中一个重要的因素就是外来干涉的速度和大小。但是在与欧洲人接触中曾经受到过差不多同样程度限制的文化中，有些很快就分裂瓦解了，而另外一些却能得到适应并且幸存下来。

文化幸存的意思是指证明该文化存在的名称和许多支持它的特殊象征与实践措施被保存下来，以及保持了一支能够把文化遗产继承下去的人口。有时候可以作为一个为西欧国家体系所承认的国家的正式成员平稳而逐渐地实现有效的参与。旧的种族名称作为一个受人尊重的社会标志被保留下来，但是并没有提出成为一个国家的要求。毫无疑问新西兰的毛利族人就是这种适应形式的一个代表。

在一些实例中，原始文化的继承人不仅通过放弃文化的形式，而且通过文化继承人的自我毁灭，把他们的行为内化到了如此极端的程度，以致使这种文化迅速走向灭亡。W. H. R. 里弗斯提出用这种假说来解释美拉尼西亚人口减少的现象，因为他拒绝接受那种认为外来干涉在这里比在其他一些结果不大明确的地区更为严重的看法。他的解释是，违犯一切神圣的禁令而又没有受到伤害的白种人的出现造成了如此强烈的失意、沮丧和厌倦情绪，以致各种文化形式都被置于不顾，人民甚至对繁育后代都不关心了。

当许多人抛弃了一种原始文化，又发现在外界更广大的环境中无法立足，最后采取服用过量的麻醉品和毫不在意地传染上疾病来毁灭自己时，同一进程可能在不十分引人注目的情况下出现。忠于原始文化的人们可能仍然坚持古老的形式不肯放弃，但有时候却不能引进足够多的新东西来实现平稳的过渡。

有时候作为对遭受剥夺的反应，社会性内化行为的数量会增长。新教派会把花费在跳舞、祈祷、冥想上的时间和力量成倍地予以增加。他们可能在社会成员中增加我向行为的数量，从而改变社会的正常生活规律。有一些迹象表明，在那些佩奥特祭礼[1]在普埃布洛印第安人中间得到传播推广的地方（如在塔奥斯），个人的主观活动的重要性有所增强。正如鲁思·本尼迪克特指出的那样，普埃布洛印第安人是讲究实际的。他们不像大草原印第安人那样，把梦当作个人与神鬼接触的一种方法。那些咀嚼佩奥特掌（干仙人掌）的印第安人声称见到过常常是五彩缤纷的复杂的神

---

① 佩奥特（peyote）为两种具有致幻作用的仙人掌属植物，主要用于某些印第安部族的原始宗教仪式和土著美国基督教的宗教仪式。——编注

像。这种私人我向活动在普埃布洛人生活中似乎代表一种新的价值。

社会性外化行动不仅可以把该社会范围以外的世界，也可以把该社会本身作为行动的目标。我们已经看到，当攻击性情绪受到阻碍时，攻击行动就转过来指向接近自身的目标。有迹象表明，这种过程经常表现在被击败的民族内派系斗争的增多上，特别是在他们习惯于采取过分自信的行动时。M. E. 奥普勒曾报道过在梅斯卡莱罗阿帕切人中发生这种过程的一个惊人例子。在野牛群被消灭、进行抢劫的匪徒受到镇压后，梅斯卡莱罗人就被迫与另一个民族在保留地上生活在毗邻的土地上了。于是佩奥特祭礼以一种特殊的形式很快地在他们中间传开。迷信的聚会变成了敌对头目之间激烈冲突的场所，每一个人都设法让别人把他的特殊秘密交代出来。世仇争斗和报复行为变得如此血腥与残忍，以致进行另一次调整成了迫不及待的问题，否则梅斯卡莱罗人就注定会互相毁灭。

因遭受剥夺而在各个社会中广泛传播的象征都和过去的外在表现形式有联系。和白人刚刚来到时美国西南部主要从事农业的普埃布洛印第安人相反，大草原上的印第安人过去致力于狩猎和战斗；正是在这些大草原印第安人中，带有许多反白人特色的鬼舞道门[①]传播得最为普遍兴旺。

有些象征把集体的感情冲动组织成为影响公开环境的行动。

① 鬼舞道门(Ghost Dance)，19 世纪末美国宗教高潮中出现的两种崇拜形式，体现美国西部印第安人传统文化的最后一次回潮。——编注

像中国的义和团叛乱那样的阴谋性起义行动可能具有坚决的仇外情绪;但是在不具备外国优越技术的条件下,除非有别的情况使入侵的文明受到削弱,他们肯定是要失败的。当具有优势战斗技术的民族本身陷于分裂时,对周围那些技术比较简单的民族的压力就会消除,于是那些民族就从他们居住的遥远的高山上、沙漠中和草原上冒出来,长驱直入毁灭异族社会,或者定居下来,最后被同化。

当外国的农业、商业、工艺、制造业和战斗等方面的技术被某一社会采用时,就出现一些社会性外化的调整形式。

外化的调整形式也可能包括借用属于起限制作用的文明所有的象征和制度上的实践措施。比如,正像中国人接过西方关于竞争性国家制度和民族主义的概念,并通过取消治外法权及其他外国特权的方法用这些概念去反对西方国家那样,民族主义的计划可以被借用和加以传播。在弱小民族中间,民族主义的苗头可以表现在与受外国控制的教派和派别相竞争的土著教派的快速增长上。据报道,在西南非洲黑种土著人中近几年来就成立了500多个土著人的派别。这无疑是一种能使黑人渡过长时期等候外界力量对比发生有利于黑人而不利于白人的变化的那种高度警惕的期待状态的一种文化活动。

上述思考已经说明了可以怎样通过一些能促进消极方案或积极方案的内化的或外化的行动来对付与外界的接触。那么,有些什么因素可以影响忠诚的地理分布呢?现代民族主义运动把许多局部地区居民的忠诚聚集到更大范围社会的象征周围。但是相反的情况也同样是真实的。近年来,中欧与东欧那些历史较短的国家在民族主义的刺激下纷纷去寻求自我发现或再发现。其结果是使奥匈帝国、沙俄帝国和土耳其帝国的行政连续性遭到破坏。这种以民族统一为名的自决要求常常是沿着旧的行政区划线提出的。英国和法国都是围绕着旧行政区划的城市中心组织起来的。首都的语言变成了司法上、民事和军事行政管理上、辩论上、学术上、社会上的标准语言。这些起统一作用的特征常常不完全地被传播到各边远省区。这样，在民族地位越来越引起高度重视的时候，文化上的差别就可能被扩展为政治上的分离主义。

尽管许多自命为世界精英的人物提出了有说服力或战斗力的主张，世界毕竟不是一个统一的社会。它在感情上和实践上都不是团结一致的。这种统一到目前为止一直被自发的或在一定程度上是故意制造的势力均衡（更确切的说是正在形成的势力均衡）游戏所阻挠。均衡游戏的玩弄使一个野心君主、一个正在扩张着的资产阶级国家、一个战斗的革命社会在活动范围上受到限制。权势均衡使天平偏向与各地的世界霸权问鼎者相反的方向，并使人类各个民族效忠于大于相邻地区但又小于世界的象征。没有任何一种外来威胁、没有任何一种有利可图的共同希望、没有任何一种共同的权利法则达到过那种足以保证一个精英集团能在一个统一的世界中实现和平接替的优势地位。

和遵循地理划分的界线相同，忠诚也可以遵循职能划分的界线。机器迎来的新的劳动分工使那些在工厂车间里劳动的人们和工厂所有者或经营者之间产生了明显的差别。当农民移向城市时，各式各样的不安全情况出现了。旧的道德与行为准则遇到了惊人的压力，并表现为各种针对统治“阶级”的抗议象征。当俄国的革命局势导致在“无产阶级”名义下夺取政权时，地理限制的过程立刻就开始了，因为外国的精英企图通过强调新的精英集团的地区特点来保护他们自己。至于不安全情况究竟将表现在地理象征中或是职能象征中，则多半取决于它们在世界革命本身的进程中所占的时间与空间位置。

个人的冲动情绪在什么时候转移到集体象征上去呢？繁荣时期是个人表现的时期，在这些时期个人计划是在一个仁慈宽厚的世界中形成的。不景气时期或战争时期则是屈从于集体象征的时期。

什么时候最有可能采取和解的或好斗的态度呢？在那些曾经感到内疚与自卑和企图以过度反应来克服顺从倾向的人们中间残酷表现得特别普遍。外化的狂怒型和部分受抑制的狂怒型人物就是在紧张状态下可以预期会采取破坏行动的人们。有内疚感和自卑感并为克服缺乏自信心而进行斗争的精英和社会最倾向于采取无节制的狂怒与集体破坏的行为。

我们已经对政治学研究者特别关心的各种态度进行了扼要的评述：外化了的态度、社会态度、好斗的态度，以及与它们有关的态度。当我们在世界发展的背景下考虑这些态度时，我们不能不对包括在西欧文明模式之中的某些态度的形态在与敌对态度进行竞争及冲突中所表现的顽强性产生深刻的印象。这个文明是赞成外化、战斗性与地方观念的。它的能量向外作用于对人与自然的操纵。对暴力行为的期待导致了以作战效能为标准对社会变化进行不断的估价。参加到这个文明的具体进程中的各个地方集团由于期待可能以暴力作为解决内部与外部困难的方法，以及由于使地方分歧感情化而陷于相互分裂的状态。地方分歧的感情化采取了民族和民族主义的现代形式。民族主义是要求变为或继续作为众多国家中一个国家的一种群众要求。[①] 民族主义是在现代工商业强调大市场优越性的情况下被刺激起来的一种地方主义的形式。

但是扩大地方市场的趋势却因与同一文明中别的同样正在努力扩大市场的人发生冲突而受到制约。人类活动沿着有利可图的经济路线实现外化的趋势与重视地方观念及期待诉诸暴力的趋势是互不相容的，这点已得到证明。没有一个统一的经济集团登上过领导世界经济进程的位置，因为每一个经济集团都企图通过强调爱国主义和实行暴力来加强自己的地位，而这些做法又妨碍了与其他地方正在强调同样行动的占优势地位的经济集团实现完全的统一。

职能象征不时会起来向地方象征的优势地位提出挑战。最近一次对地方观念的攻击就是以全世界无产阶级的名义发动的。但是西欧文明的其他特点却抵消或正在抵消着这些通过职能道路走向统一世界的号召所取得的成功。那些在一个无所不包的象征名义下夺取权力的人们很快就被势力均衡的游戏孤立起来，这在一个期待着使用暴力和把民族与民族主义加以感情化的文明中是特别容易感受到的。职能普遍性这种新号召的推行者们为了自卫接受了在这种环境中生存下去的基本条件，并且在一个潜伏着暴力

① 就与某些规范派（法学派）有区别的自然主义派的目的而言，可以把国家定义为一个事件群。“成为国家唯一标志的主观事件就是认识到一个人属于一个具有一整套至高无上的要求和期待的社会。”（摘自本书作者所著《精神病理学与政治学》第13章“作为事件群的国家”，第245页。）

的世界中强调他们自己的地方价值。因此，当我们得知，苏联的报刊在提及苏维埃社会主义共和国联盟时被允许使用“*Rodina*”一词——意思是“故乡”或“祖国”——也就不觉得奇怪了。过去为了强调国际主义的思想曾经使用过像“社会主义祖国”这样的词组。

在任何地方，西方文明的行动主义、战斗精神和地方观念都结合在一起以压倒一切持反对态度的人们。

第 四 篇

概　　论

第十章　概论

我们在这里所做的政治研究是对权势和权势人物的研究。使用一个单一的标准是不能对权势人物作出令人满意的描述的。权势在某种程度上表现在对诸如尊重、收入、安全等价值的要求上。但是，尊重不见得都归于有钱的人，安全也不一定都归于杰出的人物。显然，如果对权势采用不同的标准就会得出不同的结果。

政治分析的结果也取决于我们提出来进行探讨的精英的各种特点。本书已经论及技能群、阶级群、人格群和态度群，并且讨论了社会变化对这些群体结构的相对优势所具有的意义。现代最重要的政治分析法（马克思主义分析法）把注意力集中到社会变化的阶级结果上面。这就把人们的注意力从许多同等重要的观察社会生活结果——诸如技能群、人格群和态度群的命运——的方法上转移开。

强调阶级与强调技能或人格一样是自成体系的思想家们在方法学上的一项发明，是在分析的某一特殊行动过程中经常使用的一种挑选出来的参照系统。以进行政治分析为目的而使用一种新的参照系统的行为和往常一样将会改变使用这些参照系统的人们的偏爱。习惯于从社会态度（如国家地位、民族主义）出发思考问题的人们通过使用阶级分析方法常常会得到一种新的见解，常常会改变他们的实际偏好。有时候他们从爱国主义转向了无产阶级性。习惯于阶级分析的思想家通过使自己习惯于使用分析社会结果的其他方法，可能会被引向新的见解和新的偏爱尺度。他们可能愿意使自己与技能斗争联系在一起，而不愿与阶级斗争联系在一起，或者力图在民族、种族或人格的名义下去求得某种实现。任何一种分析行为都会由于把偏爱暴露在新的自然主义的见解之下而使偏爱受到磨炼。

在共同享有西欧文明的各个社会中，在这里被称之为精英的少数人比被称为群众的大多数人权势更大。布赖斯爵士①曾说过，政府总是由少数几个人管理的，不管他们是以一个人、少数几个人，还是以大多数人的名义。

精英集团的支配地位部分依靠于它对环境的成功操纵。操纵的方法包括象征、暴力、物资和实际措施。反对派精英依靠的也是同样的手段。

有一些方法特别适用于精英的进攻，而另一些方法则适用于精英的防御。一个公认的精英集团在控制社会的物资、暴力与实际措施方面占有如此优越的地位，以致一个向它发起挑战的精英集团不得不被迫去主要依靠各种象征。不管怎样，象征是不花钱的，又是难于捉摸的。他们可以在警惕性很高的当局眼睛看不到的地方靠口头进行传播。他们可以在不满者中间组织协调一致的行动并且促成其他方法能在其中起作用的危机。任何现行制度都

① 布赖斯(Bryce,James Bryce,1st Viscount,1838—1922)，英国政治家、外交家和历史学家。——编注

具有一种占统治地位的神话(意识形态);但是要保护一种对象征的垄断权却不像保护一种对物资和暴力的垄断权那么容易。

一个能平稳运行的政治制度几乎没有必要去考虑在它自己的社会成员中进行宣传。一种意识形态一旦被人们接受之后便会以非凡的活力永久存在下去。在这个国家里出生的人们会把他们的一些爱投向支持这个制度的各种象征:共同的名称、共同的英雄、共同的使命、共同的需要。某些破坏性倾向则指向敌对者们、叛徒们、异端邪教和各种敌对的要求。人们在成长的复杂过程中会产生内疚感;有些内疚感从个人身上投射出去,并投射到被视为习俗的可耻违犯者的集体敌人的各种象征上去。同样,个人的弱点也被投射到外部世界上去;说到底,敌人不是注定要败在我们的胜利之下吗?

革命宣传至少有一个历时长久的优点。因为,不满情绪,不论是怎样引起的,都会使占统治地位的象征与实际措施受到削弱。任何一个不能使自己与繁荣和胜利联系在一起的精英都可能遭到群众的唾弃。失败、经济萧条和灾难,不管是怎样引起的,都会助长对“天子”的合法性的怀疑。当人们遭受剥夺时,他们倾向于把爱从外部世界的各种象征上撤回来,把喜爱之情集中到自己身上;还会把过分自信的感情冲动从外部世界转移回来反对他们自己。极端反应的结果不是自恋型的精神变态就是自杀。但是许多人都通过用一套新的集体的象征代替旧象征的办法来避免发生这种极端的情况。一个革命宣传家面临的问题就是要把各种混杂的不安全因素导向适于他夺取政权的渠道之中。他要设法去控制与一个能够变成意识形态的空想有关的喜爱之感、破坏性、内疚感和弱点的投射作用。

如果只是遭受剥夺的话，是不足以产生一次革命的大动荡的。由于技术发展，新的社会组织成长起来，新的纵容迁就的环境也有可能随之形成，只有在这个时候，社会革命才会出现。只有对成功抱有新的自信心才能加强反对剥夺的怨恨。

反复出现的不安全的狂涛不论是怎样引起的，都会对不断革新保持权力和夺取权力的具体方法起到鼓励作用。对某一种象征的厌烦表明对另一种象征的重视；陆军的失败强调了空军的重要性；自由竞争的失败显示出垄断的可能性；对立法机关的不满表明强有力的行政机关将受人欢迎。

通过宣传、暴力，或通过对物资与实际措施的控制，都能诱导群众感情的无害宣泄（精神发泄）。同时，每一种办法还都能使调整得到推进。但是如果处理不当或是形势不利时，所有这些办法都容易遭受失败。

社会变化的结果在政治上有重大意义，因为这些变化直接影响各种价值在不同类型的精英之间进行分配。在这里我们已经从技能、阶级、人格、态度等方面对各种精英进行了描述。

某些类型的技能很少有导向显要地位的机会。手工工人、农民、物理科学家、工程师（物的操纵者）远不如人的操纵者那样引人注目。在西欧文明中，暴力的技能、组织的技能、讨价还价的技能和操纵象征的技能一直是很重要的。但是相应的作用却各不相同。在封建时期的欧洲，使用暴力的技能曾是通向权势的主要道路。组织技能曾在实现各民族君主政体的一体化中起过促成结合的作用。讨价还价的技能是在工业扩张的年代中兴起的。在世界发展的最近几次危机中，宣传技能曾起过决定性的作用，而讨价还价的技能却变得多少有些黯然失色。

新阶级的成长与新技术的发展一样，是和新的生产资料的出现分不开的。新技术是贵族统治衰落和资产阶级兴起的一个重要的先决条件。这种情况由于在极度紧张的危机期间法国（及其他地方）的夺权而显得更加突出。一次世界革命就是一次有利于某种新的社会结构的夺权行动。这种夺权是地区性的，并且是在一套新的统治象征的名义下进行的。人们记得，法国革命是在“人权”的名义下实现的，它所实行的实际措施包括普遍选举制、议会制、教会与政府分离以及牺牲封建贵族鼓励工商业者。

我们已经接受了1917年俄国革命是另一次世界革命的提法。当时的夺权者以无产阶级的名义讲话，实行金钱收入的相对平等，使有组织的社会生活政府化，由一个占统治地位的政党垄断合法地位。面对最近这一次和下一次革命动荡我们处在什么位置上呢？

上述分析已经使我们注意到这样一种情况：世界革命的创举既部分受到限制，同时又部分被推广和普及。在法国和俄国夺得政权的那些人就受到外界势力均衡游戏的限制。因此，那些在新的政治象征名义下说话的人并没有把世界统一起来。旧世界进行自卫的一种手段就是把与这种模式有关的象征和实际措施部分吸收过来。所以我们把目前这个世界事务的接合点解释为一种向着相对金钱平等、社会生活政府化和单一政党垄断合法地位发展的运动。

根据这一观点，我们目前正处在一个在初期表现出许多矛盾形式的统一的世界运动之中。在美国,这些发展是不是将要经过一个像意大利和德国那样的“浪漫的”法西斯主义的时期还不能肯定。浪漫法西斯主义的标志就是群众运动的领袖们在一层薄薄的合法面纱后面对政府机构实行夺取。群众运动的支柱是下层中产阶级;处于上层的鼓动家们同时也得到大企业和贵族统治集团的支持。最初私人资本主义将保持不动;但是,在民族统一的必然性面前,私人资本主义看起来有可能在军事危机时期中被清除掉。在一个军事国家里,走向平等化、政府化和垄断化的运动无疑会继续向前发展。

在美国,另外一条可能通向法西斯主义的道路包括一个不耐烦的社会对罢工权利的持续不断的侵犯。这种“零敲碎打式”的法西斯主义在中产阶级集团被大企业大财团的有组织的代理人鼓动起来反对“煽动分子”、“赤色分子”和“激进分子”的时候是有可能出现的。

如果中产阶级从他们现在对大企业大财团的心理依赖中解放出来,美国生活就有可能获得更加和平的发展。目前全国性的企业家组织都以美国企业这样一个整体的名义来说话,而不强调独立企业和垄断企业之间的利害冲突。过去,独立企业和职业团体对现代工业主义垄断倾向的不满情绪都是通过党派的渠道得到发泄的。现代世界的有力行动所依靠的就是站在各个党派后面、给党派行动提供力量的那些职能性组织。由此可见,中产阶级阶级意识的发展有赖于把中产阶级的各个集团组织成为强有力的全国性团体——这些团体能够指挥自己的行政工作人员,掌握自己的通讯工具并能发展它们的自我意识、观点和计划。

就美国而言，一个“美国企业和服务业独立协会”的组织会有助于培养中产阶级的行动主义精神。这样就可以提出运用税收权力来约束大企业大财团和为独立团体提供信贷等各种实际的要求。根据这一方案，小企业和专业人员可以在一定范围内和劳动组织，特别是技术劳动组织进行合作。较小的农业利益集团可以和反垄断的要求紧密地联系在一起。中产阶级的这几个组成部分可以在一个“美国技术大会”中为了共同的目的联合起来，欢迎一切为了取得对社会有用的技能而作出过牺牲并且属于低收入集团的美国人都来参加。“美国技术大会”在每年举行一次的大会上可以把各个合作组织提出的分散方案协调起来，并且在它们中间激发起强有力的技术意识来。

这样一个高层次的机构会在那些目前正被它们自己毫不察觉的历史进程驱赶着东逃西窜的社会组织中间刺激起强有力的自我意识。也许最大的怪事恰好正是下层中产阶级的技能集团目前正在现代世界政治中上升到支配的地位。苏联目前的发展有利于那些在工程、组织、宣传、暴力方面掌握技能的人们。金钱收入上的巨大差别随着贵族地主阶级和私人企业统治集团的消灭而被扫除干净。在中产阶级还相当兴旺的美国，控制收入上巨大差别的世界性发展可能得采取不同的形式。

最近，独立经营的杂货店老板、五金商、食品商及其他买卖人已经为控制联号商店的发展作出了努力。他们受到那些因为害怕自己的市场会被联号商店霸占而吓破了胆的批发商的支持。有些小制造业商行是由一些特别重视通过有组织的行动保护他们的独立性从而有可能给他们带来好处的人经营的。以许多小单位而遍布全国的罐头食品工业就是中产阶级政治的典型的最有希望的一块基地。许多生意人在看到他们强大的竞争者企图把“国家工业复兴法案”的机构垄断起来的时候，开始强烈意识到他们自己的特殊利益。有些人已经看到，他们能从“田纳西河流域管理局”、“博尔德水坝”和“大古力水坝”等政府企业所提供的廉价电力中得到好处。一项政府的“衡量标准”可以被用来控制私营公用事业公司的价格。

最近人们已经觉察到，现代共同控制的方法作为一种工具，既可以用在私营政策上，也可以用在公共政策上。大规模的私营公用事业公司，特别是能源和交通方面的公司，已经把他们的股份总额广泛地分散到了全国各地。人们希望这样形成的法定利益将会保护各种公用事业不受那种公共所有和公共经营的要求的影响。同时人们也相信，名义上的所有人过于分散，以致无法对控制和经营这些公司的由少数人组成的管理集团施加任何有效的影响。

公共政策可能不仅要求把“股票”当作一种“公共关系的策略”去散布控制的幻想，而且要求把“股票”作为提供有效控制的手段。有些政府已经学会了经营公有公司的办法；已经出现了许多由公共当局与私人集团和个人联合认购股票资本的实例。可以想象将会有数不清的各式各样的联合经营方式。重要的信贷、能源、运输和通讯企业（区域的、全国的、跨国的）可以把有选举权的股票分配给重要的职能组织如联邦政府各部及各委员会、企业社团（包括独立经营者）、农民、有组织的工人、消费者、合作社、州政府和市政府。

作为一种公共关系策略，把大宗股票分配给“优惠名单”上那些与银行、经纪商行、投资托拉斯、保险公司、工程公司和各政党有关系的个人，目前已成为普遍现象。可以使这种办法“制度化”，并且采取将股票分配给具有法人资格的职能组织的方法使其受到更加负责的控制。

如果建立起这种或其他任何一种控制机制，结果怎样就要取决于职能集团的相对技能和力量了。如果中等收入的技能集团想要站在自己立场上去影响国家的政策，他们就必须在全国范围内组织起来，必须做到能够独立地坚持自己的主张。他们必须具有一批代表自己利益的发言人，这些人在独立企业、专业组织和劳工集团威胁要对垄断的做法加以限制时不会被那些埋怨“赤色分子”的大企业集团发言人引入歧途。

目光远大的思想家们已经预测出，终有一天共同控制的机制将与一体化的全国性政策的要求相适应。他们已经预见到这样一种可能性：在“美利坚合众国股份有限公司”中“每一个公民都是股票持有者”；每一个公民都由于对这项国家经济事业承担一份固定的责任而享有一份有保证的基本收入（按其参加这项国家事业的符合要求的程度而定），每一个公民都属于一些能够对政策施加正式的而不是秘密的或形式上的影响的职能-地区性集团。

除了这些雄心勃勃的计划之外，还有一些在解决美利坚合众国大型企业的“效率与可接受性”问题上不那么自命不凡的设计方案。在韦布夫妇这样一些富有经验的研究现代社会的学者的著作中就提出了许多巧妙的办法。

一些拥有大量财产的人将会看到，美国企业的维护有赖于一个由企业家和美国专业人员构成的健康的中产阶级。大企业需要小企业，也能够明智地采取各种维持小企业的必要措施。不然的话，对共和国制度的保全具有灾难性后果的贫富分化现象将要扩大到令人吃惊的程度。联邦党人在讨论批准新宪法问题的那些关键的日子里曾以极其坦率的态度正视这些问题。十分明显，“派系斗争的最普通与最持久的根源在于各式各样不平均的财产分配”。当时人们把派系斗争不可能被消灭掉，但是可以对它们的影响加以控制视为当然之理。在美国早期的政治家中也曾有些人认为，为了保持共和国政府稳定性所依靠的相当分散的经济控制状态，是可以在这方面做一些工作的。

阶级分析的文献资料虽然非常丰富，至今却很少有人对社会生活在各种人格类型的相对成功上所具有的意义进行过探索。事件的兴衰起伏有时候有利于这一种，有时候则有利于另一种人格类型。一般地说，政治活动家的主要特点是对尊重抱有强烈的欲望。在政治人物总的模式之中又可以分辨出几种次级类型来。其中最值得注意的是对尊重的要求强烈到除了同时代人给他以“激动的”反应之外对其他一切都不满意的鼓动家。作为取得激动效果的手段，他磨炼演讲和撰写论战性报刊文章的技巧。组织者对激动反应的需要比较小，他把更多的力量用于协调人事的活动。和解式的人格来自部分受抑制的狂怒型人格；冷酷无情与专横暴戾的人格则来自外化狂怒型人格。危机有利于鼓动型和冷酷型这两种人格。在最近发生的多次世界经济扩展-收缩危机中这两种人到处可见。在两次危机的中间时期和危机的开始阶段则更多地有利于组织者及和解型人格。

社会的发展可以参照它们对态度群所产生的影响来进行观

察。态度群虽然和其他参照系统有密切关系，但它们却是超越一切参照系统的。极不相同的人格类型可能忠于同样的民族主义主张。极为相似的人格类型可能忠于不同的阶级。擅长使用暴力的人可能是集团意识很强和政治上很坚定的人物。具有工程技能的人在政治上显然不是很积极的。阶级的成功可能受到民族忠诚意识的妨碍。

西欧文明由于某些态度而独具特色，这些态度历经各式各样的地区性发展而得以幸存下来，并且影响着一代又一代人。欧洲文明是行动主义的：它鼓励对人和自然的控制与操纵；它主张使人的感情外化而不是内化。欧洲文明是地区性的：它鼓励像民族主义之类的地方观念并抑制坚持以职能忠诚作为实现普遍统一手段的倾向。欧洲文明具有对暴力的期望；它把战争、革命、分裂、造反、帮派斗争和自杀看作理所当然的事情；不管暴力怎样令人痛苦，大多数人都令人悲哀地承受使用暴力的可能性。其他一些文化（“原始的”文化）是决不会把这些事情视作当然的。但是西欧模式目前掌握着人类的大多数。

也许我们时代中最突出的起着统一作用的政治运动就是低收入技能集团正在世界上逐步取得支配地位——在 1789 年革命创立的世界上，1917 年世界革命模式正在部分扩散，部分受着限制。然而深刻透彻的政治分析却能揭露出，在宏伟壮丽的阶级门面后边存在着个人技能、人格类型、个人态度这些附加的、也许更为微妙的对立因素。由此可见，政治学的研究是不能作出一劳永逸的成就和令人满意的肯定性结论的；它能为人们对社会不安全的多变轮廓不断进行的再估价提供某种方向性的尺度。

参考文献提示

第　一　章

本书所作的政治学分析,作者在1935年纽约版的《世界政治与个人不安全》(*World Politics and Personal Insecurity*)一书第1章"结构方法"(The Configurative Method)中已作过简略论述。查尔斯·梅里亚姆(Charles E. Merriam)在重新确定美国政治学的范畴上曾作出过特殊贡献。请参考1934年纽约版《政治权力:其组成和影响》(*Political Power; Its Composition and Incidence*)。亦可参考比尔德(Charles A. Beard)的有关论著。在年青一代的作者中值得提及的是1927年纽约版卡特林的《政治科学及其方法》(G. E. G. Catlin: *The Science and Method of Politics*)和1933年纽约版弗雷德里克·L.舒曼的《国际政治:西方国家制度引论》(Frederick L. Schuman: *International Politics; An Introduction to the Western State System*)第13章。欧洲作者提出类似观点的也不在少数;请参阅1923年都灵第2版加坦诺·莫斯卡的《政治科学要点》(Gaetano Mosca: *Elementi di scienza politica*);马克斯·韦伯(Max Weber)的《社会经济学大纲》(*Grundriss der Sozialökonomik*)第3部分《经济与社会》(Wirtschaft und Gesellschaft)(1925年蒂宾根版)的第1篇第3章、第2篇第7章以及第3篇1—11所有各章。有关各种精英隶属和承袭情况的资料,请参阅皮特里姆·索罗金(Pitirim Sorokin)的《社会流动性》(*Social Mobility*),1927年纽约版;维尔弗雷多·巴雷托(Vilfredo Pareto)的《心灵与社会》(*The Mind and Society*),1935年纽约版共4卷;罗伯托·米歇尔斯(Roberto Michels)的《战后统治阶级的变动》(*Umschichtungen in den herrschenden Klassen nach dem Kriege*),1934年斯

图加特版。有关美国的资料见《近期经济变化》(*Recent Economic Changes*),1929 年纽约版共 2 卷;《近期社会趋势》(*Recent Social Trends*),1933 年纽约版共 2 卷;阿瑟·N. 霍尔库姆(Arthur N. Holcombe)的《新政党政治》(*The New Party Politics*),1933 年纽约版;和《今日政党》(*The Political Parties of Today*),1925 年纽约第 2 版。

第　二　章

需要进行详细参考时,请查阅 1935 年明尼阿波利斯版拉斯韦尔、凯西和史密斯(H. D. Lasswell, R. D. Casey, and B. L. Smith)合编的《宣传与宣传活动:一种有注释的参考书目》(*Propaganda and Promotional Activities: An Annotated Bibliography*)。有关神话、意识形态、乌托邦一类的资料请参考 1908 年巴黎版乔治·索列尔(Georges Sorel)的《暴力论》(*Réflexions sur la violence*);1929 年波恩版卡尔·曼海姆(Karl Mannheim)的《意识形态与乌托邦》(*Ideologie und Utopie*)。有关爱国主义的灌输和民族主义的传播,请参阅查尔斯·梅里亚姆(Charles E. Merriam)的《公民的养成:对公民训练方法的比较研究》(*The Making of Citizens: A Comparative Study of Methods of Civic Training*),1931 年芝加哥版,该书是包括有关苏联、意大利、德国、瑞士、法国、奥匈帝国、英国、美国及原始社会的一系列专题著作在内的"公民训练丛书"(Civic Training Series)的概述卷。关于新德国,请参阅 1935 年纽约版弗雷德里克·L. 舒曼(Frederick L. Schuman)的《论纳粹独裁统治》(*The Nazi Dictatorship*)。关于意大利,则有 1935 年纽约版赫尔曼·芬纳(Herman Finer)的《墨索里尼的意大利》(*Mussolini's Italy*)。我在本章内曾取材于我的文章《希特勒主义心理学》(The Psychology of Hitlerism)(见 1933 年 7 月至 9 月《政治季刊》第四期 373 至 384 页)。关于协约国对德国宣传的性质与效果,在 1932 年斯图加特出版的汉斯·蒂默(Hans Thimme)的《没有武器的世界大战》(*Weltkrieg ohne Waffen*)中曾有论述。弗朗西斯·P. 雷诺(Francis P. Renaut)在其所著《独立战争中美国人的宣传政治》(*La Politique de Propagande des Américains durant la guerre d'indépendance*)中曾对争取与保持外援的宣传工作问题进行了研究(1922 年巴黎出版共 2 卷)。关于革命宣传有 1928 年纽约出版的列宁(Lenin)的《怎么办?》(*What Is To Be*

Done?)。关于在美国的一般宣传工作,请参阅小 E. P. 赫林(E. P. Herring, Jr.)的《议会集团代表制》(*Group Representation before Congress*),1929 年巴尔的摩版;和《公共管理与公共利益》(*Public Administration and the Public Interest*),1936 年纽约版。伦纳德·W. 杜布(Leonard W. Doob)在 1935 年纽约出版的《宣传:心理与技巧》(*Propaganda: Its Psychology and Technique*)中,对宣传的理论进行了论述。总的方面请参考哈伍德·L. 蔡尔兹(Harwood L. Childs)编辑的《压力集团与宣传》(Pressure Groups and Propaganda)年刊 1935 年 5 月号。

第　三　章

关于战争问题,请查阅昆西·赖特(Quincy Wright)的《战争的原因与和平的条件》(*The Causes of War and the Conditions of Peace*)1935 年伦敦、纽约、多伦多版;皮特里姆·索罗金(Pitirim Sorokin)的《当代社会学理论》(*Contemporary Sociological Theories*)第六章,1928 年纽约版;鲁道夫·斯泰因梅茨(S. Rudolf Steinmetz)的《战争的社会学》(*Soziologie des Krieges*),1929 年莱比锡版。早期讨论战略战术的著作有 1908 年伦敦版《兵书:远东军事经典著作》(*The Book of War: The Military Classic of the Far East*)。请参阅卡尔·冯·克劳塞维茨(Carl von Clausewitz)的《战争论》(*Vom Kriege*)1832—1834 年柏林版共三卷。近期简短的论著有 1930 年纽约版弗雷德里克·莫里斯勋爵(Sir Frederick B. Maurice)的《战略原理》(*Principles of Strategy*),1930 年纽约版。有关个别方面的问题请参考阿道夫·卡斯珀里(Adolf Caspary)的《经济战略与作战》(*Wirtschaftsstrategie und Kriegsführung*),1932 年柏林版;里查德·W. 罗恩(Richard W. Rowan)的《间谍与反间谍》(*Spy and Counterspy*);《现代间谍的发展》(*The Development of Modern Espionage*),1928 年纽约版;马克西米利安·龙格(Maximilian Ronge)的《战争与工业间谍》(*Kriegs-und Industrie-Espionage*),1930 年维也纳版;H. D. 拉斯韦尔(H. D. Lasswell)的《世界大战中的宣传技术》(*Propaganda Technique in the World War*),1927 年伦敦及纽约版。关于警察方面,有雷蒙德·B. 福斯迪克(Raymond B. Fosdick)的《美国警察制度》(*American Police Systems*),1920 年纽约版;和《欧洲警察制度》(*European Police*

Systems），1915年纽约版；A. T. 瓦西列夫（A. T. Vassilyev）的《奥克兰纳：俄国秘密警察》（*The Ochrana, the Russion Secret Police*），1930年费城版；布鲁斯·史密斯（Bruce Smith）的《国家警察》（*The State Police*），1925年纽约版；J. P. 沙洛（J. P. Shalloo）的《私人警察：特别有关宾夕法尼亚州的情况》（*Private Police, with Special Reference to Pennsylvania*），1934年费城版；爱德华·莱文森（Edward Levinson）的《我破坏罢工：珀尔·L. 伯戈夫的技巧》（*I Break Strikes: The Technique of Pearl L. Bergoff*），1935年纽约版。关于武装革命起义的理论，请参阅A. 纽伯格（A. Neuberg）（假名）的《武装暴动：一个理论阐述的尝试》（*Der bewaffnete Aufstand: Versuch einer theoretischen Darstellung*），1928年苏黎世版（第三国际秘密文献；伪造的版本说明）。有关暗杀理论的资料，请查阅内查耶夫（Netschajeff）的《一个革命者的日记》（*The Diary of a Revolutionist*）。

第 四 章

关于世界大战中配给制度的专题研究可见卡内基世界和平基金（Carnegie Endowment for International Peace）经济历史部詹姆斯·T. 肖特韦尔（James T. Shotwell）所编辑的《世界大战经济社会史》（*Economic and Social History of the World War*）。弗兰克·H. 奈特（Frank H. Knight）在1921年波士顿出版的《风险，不稳定与利润》（*Risk, Uncertainty and Profit*）一书中列举了自由竞争下可能决定价格的各种条件。下列各书对偏离“理想竞争”的情况进行了研究：埃里奇·埃格纳（Erich Egner）的《垄断的真义》（*Der Sinn Des Monopols*），1931年柏林版；J. M. 克拉克（J. M. Clark）的《企业的社会控制》（*The Social Control of Business*），1926年芝加哥版；D. M. 基泽与斯塔西·梅的《企业的公共控制》（D. M. Keezer and Stacy May, *The Public Control of Business*），1930年纽约版；A. 萨尔茨（A. Salz）的《权势与经济法则》（*Macht und Wirtschaftsgesetz*），1930年莱比锡版。关于苏联，请参阅卡尔文·B. 胡佛（Calvin B. Hoover）的《苏俄的经济生活》（*The Economic Life of Soviet Russia*），1931年纽约版；威廉·亨利·钱伯林（William Henry Chamberlin）的《俄国的钢铁年代》（*Russia's Iron Age*），1934年波士顿版；韦布夫妇（Sidney and Beatrice Webb）的《苏维埃共产主义》（*Soviet Communism*），

1936年纽约版。关于现代经济发展某些方面的资料，请参阅小A. A. 伯利和加德纳·C. 米恩斯(A. A. Berle, Jr., and Gardiner C. Means)的《现代公司与私人财产》(*The Modern Corporation and Private Property*)，1932年纽约版；A. A. 伯利和V. J. 佩德森(A. A. Berle and V. J. Pederson)的《流动要求与国家财富》(*Liquid Claims and National Wealth*)，1934年纽约版；哈罗德·G. 莫尔顿(Harold G. Moulton)的《资本的形成》(*The Formation of Capital*)，1935年华盛顿版；亨利·C. 西蒙斯(Henry C. Simons)的《一个放任自由的积极纲领》(*A Positive Program for Laissez-Faire*)，1934年芝加哥版；J. M. 克拉克(J. M. Clark)的《企业一般管理费用研究》(*Studies in the Economics of Overhead Costs*)，1923年芝加哥版。关于商业政策的资料，请参阅约瑟夫·格伦茨尔(Josef Gruntzel)的《商业政策的体制》(*System der Handelspolitik*)，1928年维也纳第3次修订版。还有尤金·斯特利(Eugene Staley)的《战争和私人投资者》(*War and the Private Investor*)，1935年纽约版；与R. G. 霍特里(R. G. Hawtrey)的《主权的经济方面》(*Economic Aspects of Sovereignty*)，1930年伦敦版。关于抵制的某些特殊方面的问题，请参阅欧内斯特·西奥多·希勒(Ernest Theodore Hiller)的《罢工：一项集体行动的研究》(*The Strike: A Study in Collective Action*)，1928年芝加哥版；威尔弗雷德·哈里斯·克鲁克(Wilfred Harris Crook)的《总罢工：关于劳工的灾难性武器在理论与实践上的研究》(*The General Strike: A Study of Labor's Tragic Weapon in Theory and Practice*)，1931年查佩尔希尔版；埃文斯·克拉克(Evans Clark)编的《抵制与和平》(*Boycotts and Peace*)，1932年纽约版；查尔斯·F. 雷默与威廉·B. 帕尔默(Charles F. Remer and William B. Palmer)的《关于中国抵制运动及其经济效果的研究》(*A Study of Chinese Boycotts with Special Reference to their Economic Effectiveness*)，1933年巴尔的摩版；克拉伦斯·M. 凯斯(Clarence M. Case)的《非暴力强制行动：对各种社会控制方法的一项研究》(*Non-violent Coercion: A Study in Methods of Social Control*)，1923年纽约版。

第　五　章

关于政府和行政管理机构的非马克思主义文献，向来倾向于通过考虑相对“效能”或通过使用诸如“自由”或“服从”之类普遍适用的词语这些办法，尽量缩小各种体制性策略所产生的有利于精英的后果。在说英语的各个国家中，对有关全局的政府行为的研究曾受到格雷厄姆·沃拉斯(Graham Wallas)所著的《政治中的人性》(*Human Nature in Politics*)，1908年伦敦版；《伟大社会》(*The Great Society*)，1914年伦敦版；《我们的社会遗产》(*Our Social Heritage*)，1921年伦敦版和《思想的艺术》(*The Art of Thought*)，1926年伦敦版等书的影响。另外还请参阅瑟曼·W. 阿诺德(Thurman W. Arnold)的《政府的象征》(*The Symbols of Government*)，1935年纽黑文版；杰罗姆·弗兰克(Jerome Frank)的《法律与现代思想》(*Law and the Modern Mind*)，1930年纽约版；E. S. 鲁宾逊(E. S. Robinson)的《法律与律师》(*Law and the Lawyers*)，1935年纽黑文版；亨廷顿·凯恩斯(Huntington Cairns)的《法律与社会科学》(*Law and the Social Sciences*)，1935年纽约版；威廉·A. 罗布森(William A. Robson)的《文明与法律的发展》(*Civilization and the Growth of Law*)，1935年纽约版；罗斯科·庞德(Roscoe Pound)的《法律哲学引论》(*An Introduction to the Philosophy of Law*)，1922年纽黑文版；A. 莱斯特(A. Leist)的《十九世纪的司法与资本主义》(*Privatrecht und Kapitalismus in neunzehnten Jahrhundert*)，1911年蒂宾根版；A. V. 戴西(A. V. Dicey)的《关于十九世纪英国法律与公共舆论关系的演讲集》(*Lectures on the Relation between Law and Public Opinion in England during the Nineteenth Century*)，1914年伦敦第2版；M. M. 比奇洛(M. M. Bigelow)等人的《集权与法律》(*Centralization and the Law*)，1906年波士顿版。亦请参阅哈罗德·J. 拉斯基(Harold J. Laski)的《政治典范》(*A Grammar of Politics*)，1925年纽黑文版第二篇；R. M. 麦基弗(R. M. MacIver)的《论现代国家》(*The Modern State*)，1926年牛津版；弗朗兹·奥本海默(Franz Oppenheimer)的《国家》(*The State*)，1914年印第安纳波利斯版；J. W. 加纳(J. W. Garner)的《政治学与政府》(*Political Science and Government*)，1928年纽约版；艾尔弗雷德·韦伯(Alfred Weber)的《国家与文化社会学概念》(*Ideen zur Staats- und Kultur-Soziologie*)，1927年卡尔斯鲁厄版；格奥尔格·耶利内克(Georg Jellinek)的《国家概论》(*Allgemeine Staatslehre*)，1914年柏林第3版；鲁道夫·克吉伦(Rudolf Kjellén)的《政治制度原理》(*Grundriss zu einem System der*

Politik),1920 年莱比锡版;J. R. 西利(J. R. Seeley)的《政治科学引论》(*Introduction to Political Science*),1896 年伦敦版;J. W. 伯吉思(J. W. Burgess)的《政治学与宪法》(*Political Science and Constitutional Law*),1890 年波士顿版,共 2 卷;亨利·西奇威克(Henry Sidgwick)的《政治学原理》(*The Elements of Politics*),1891 年伦敦版;罗伯特·H. 洛伊(Robert H. Lowie)的《国家的起源》(*The Origin of the State*),1927 年纽约版;W. C. 麦克劳德(W. C. MacLeod)的《政治的起源和历史》(*The Origin and History of Politics*),1931 年纽约版;弗兰克·J. 古德诺(Frank J. Goodnow)的《政治学与行政管》(*Politics and Administration*),1900 年纽约版;厄恩斯特·弗罗因德(Ernst Freund)的《对人身与财产的行政权力》(*Administrative Powers over Persons and Property*),1928 年芝加哥版;与《美国立法标准》(*Standards of American Legislation*),1917 年芝加哥版;W. F. 威洛比(W. F. Willoughby)的《公共管理原则》(*Principles of Public Administration*),1927 年巴尔的摩版;伦纳德·D. 怀特(Leonard D. White)的《公共管理研究导论》(*Introduction to the Study of Public Administration*),1926 年纽约版。关于一些新观点,请参阅昂德希尔·穆尔(Underhill Moore)与其合作者们在《耶鲁法学评论》(*Yale Law Review*)上发表的文章;还有 H. D. 拉斯韦尔与加布里埃尔·阿尔蒙德(H. D. Lasswell and Gabriel Almond)合著的《曲解救济法规》(Twisting Relief Rules)一文(见 1935 年 4 月《人事杂志》13 期 338—343 页)。

第　六　章

有关立法者技能与隶属关系的资料见卡尔·布劳尼亚斯(Karl Braunias)的《议会选举法:欧洲立法机构组成情况手册》(*Das parlamentarische Wahlrecht: Ein Handbuch über die Bildung der gesetzgebenden Körperschaften in Europa*),1932 年柏林与莱比锡版,共 2 卷。弗利茨·吉斯(Fritz Giese)在 1928 年莱比锡版《应用心理学杂志》(*Zeitschrift für angewandte Psychologie*)副刊第 44 期上所刊载的《知名人士》(Die öffentliche Persönlichkeit)中对德国的著名人物曾进行过分析。总的情况,请查 A. M. 卡尔-桑德斯和 P. A. 威尔逊(A. M. Carr-Saunders and P. A. Wilson)的《论职

业》(*The Professions*),1933 年牛津版。关于工程师的情况,请参阅 A. P. M. 弗莱明和 H. J. 布罗克赫斯特(A. P. M. Fleming and H. J. Broeklehurst)的《工程学史》(*A History of Engineering*),1925 年伦敦版;关于自然科学家的材料有 W. C. D. 丹皮尔(W. C. D. Dampier)的《科学史及其与哲学及宗教的关系》(*A History of Science and its Relations with Philosophy and Religion*),1929 年英国剑桥版。有关医生的材料请查阿瑟·纽斯霍尔姆(Arthur Newsholme)的《关于在预防疾病方面私人行医与官方行医关系的国际研究》(*International Studies on the Relation between the Private and the Official Practice of Medicine with Special Reference to the Prevention of Disease*),1931 年伦敦版,共 3 卷。关于教士的资料有《社会科学百科全书》中阿尔弗雷德·伯索莱特(Alfred Bertholet)的《教士》(*Priesthood*)一文。关于领袖、官僚、公职人员的材料,请查 W. C. 麦克劳德(W. C. MacLeod)的《政治的起源和历史》(*The Origin and History of Politics*),1931 年纽约版;马克斯·韦伯(Max Weber)的《政治论文全集》(*Gesammelte Politische Schriften*)中的《政治作为职业》(Politik als Beruf)一文,1921 年慕尼黑版;A. A. 莱法斯(A. A. Lefas)的《国家与公务员》(*L'état et les fonctionnaires*),1913 年巴黎版;O. H. 冯·加布伦茨(O. H. von der Gablentz)的《工业官僚主义》(Industriebureaukratie)一文,载施墨勒年鉴(Schmollers Jahrbuch)第 50 卷(1926),第 539—572 页。关于外交人员的材料有塞维拉斯·克莱门斯(Severus Clemens)的《外交官的职业》(*Der Beruf des Diplomaten*),1926 年柏林版;戴尔·A. 哈特门(Dale A. Hartman)的《英国与美国的大使》(British and American Ambassadors),载经济丛刊第 11 卷(1931),328—341 页。有关买卖人的资料有维尔纳·佐姆巴特(Werner Sombart)的《资产阶级》(*Der Bourgeois*),1920 年慕尼黑版;F. W. 陶西格和 C. S. 乔斯林(F. W. Taussig and C. S. Joslyn)的《美国企业领袖》(*American Business Leaders*),1932 年纽约版。关于教师、哲学家、社会科学家的资料有:爱德华·H. 赖斯纳(Edward H. Reisner)的《现代教育的历史基础》(*Historical Foundations of Modern Education*),1927 年纽约版;H. 拉什达尔(H. Rashdall)的《中世纪欧洲的大学》(*The Universities of Europe in the Middle Ages*),1895 年牛津版,共 2 卷;格拉迪斯·布赖森(Gladys Bryson)的《社会科学从道德哲学中脱颖而出》

(The Emergence of the Social Sciences from Moral Philosophy),载国际伦理学杂志 XLII 期(1932),304—323 页。关于律师的资料有马克斯·鲁姆夫(Max Rumpf)的《律师与律师资格:一项法律学与法律社会学的研究》(*Anwalt und Anwaltstand: Eine rechtswissenschaftliche und rechtssoziologische Untersuchung*),1926 年莱比锡版;H. D. 黑兹尔坦,马克斯·雷丁和小 A. A. 伯利(H. D. Hazeltine, Max Radin, A. A. Berle, Jr.)的《法律行业与法律教育》(Legal Profession and Legal Education),载《社会科学百科全书》。关于新闻工作者的资料有:国际劳工局编的《新闻工作者的工作条件与生活》(Conditions of Work and Life of Journalists),载日内瓦出版的《研究与报导》(*Studies and Reports*)第 50 卷第 2 期(1928);G. 布尔东(G. Bourdon)等的《今日新闻业》(*Le journalisme d'aujourd'hui*),1931 年巴黎版;H. D. 拉斯韦尔(H. D. Lasswell)的《关于象征专业人员分布情况的研究》(Research on the Distribution of Symbol Specialists),载《新闻季刊》第 12 期 146—157 页(1935 年 6 月)。

第 七 章

为了对政治进行更为充分详尽的阶级分析,请查阅 H. D. 拉斯韦尔(H. D. Lasswell)的《世界政治与个人不安全》(*World Politics and Personal Insecurity*),1935 年纽约版;马克斯·诺马德(Max Nomad)的《叛逆者与叛徒》(*Rebels and Renegades*),1932 年纽约版;V. 帕累托(V. Pareto)的《社会主义制度》(*Les systèmes socialists*),1902—1903 年巴黎版;亨德里克·德曼(Hendryk de Man)的《社会主义心理学》(*The Psychology of Socialism*),1928 年伦敦版;维尔讷·佐姆巴特(Werner Sombart)的《无产阶级社会主义》(*Der proletarische Sozialismus*),1924 年耶纳版,共 2 卷;L. L. 洛温(L. L. Lorwin)的《劳工与国际主义》(*Labor and Internationalism*),1929 年纽约版;罗伯托·米歇尔斯(Roberto Michels)的《现代民主政治中的党派社会学》(*Zur Soziologie des Parteiwesens in der modernen Demokratie*),1925 年莱比锡第 2 版;朱利恩·本达(Julien Benda)的《知识分子的叛逆》(*The Treason of the Intellectuals*),1928 年纽约版。尤金·罗森斯托克(Eugen Rosenstock)的《欧洲的革命》(*Die europäischen Revolutionen*)(1931 年耶拿版),是

一本重要的历史分析著作。关于辩证唯物主义的资料,请参阅西德尼·胡克(Sidney Hook)的《对于卡尔·马克思的理解》(*Towards the Understanding of Karl Marx*),1933 年纽约版;乔治·卢卡奇(Georg Lukács)的《历史与阶级意识》(*Geschichte und Klassenbewusstsein*),1923 年柏林版;N. 布哈林(N. Bukharin)的《历史唯物主义》(*Historial Materialism*),1925 年纽约版;N. 列宁(N. Lenin)的《唯物主义和经验批判主义》(*Materialism and Empirio-criticism*),1927 年纽约版;卡尔·考茨基(Karl Kautsky)的《唯物主义历史观》(*Die materialistische Geschichtsauffassung*),1927 年柏林版,共 2 卷;亨利希·库诺(Heinrich Cunow)的《马克思的历史、社会和国家学说》(*Die Marxsche Geschichts-,Gesellschafts- und Staatstheorie*),1923 年柏林第四版,共 2 卷;V. 阿道拉茨基(V. Adoratsky)的《辩证唯物主义》(*Dialectical Materialism*),1934 年纽约版。亦请参阅盖伊·斯坦顿·福特(Guy Stanton Ford)的《现代世界上的独裁制度》(*Dictatorship in the Modern World*),1935 年明尼阿波利斯版,其中特别值得注意的是马克斯·勒纳、拉尔夫·H. 卢茨、J. 弗雷德·里比、汉斯·科恩(Max Lerner,Ralph H. Lutz,J. Fred Rippy,Hans Kohn)等人的文章;哈伍德·L. 蔡尔兹(Harwood L. Childs)编的《独裁制度与宣传》(*Dictatorship and Propaganda*),1936 年普林斯顿版,特别是奥斯卡·亚西(Oscar Jászi),弗里茨·M. 马克思(Fritz M. Marx),H. D. 拉斯韦尔(H. D. Lasswell)等人的文章;赫尔曼·坎特罗威茨(Hermann Kantorowicz)的《独裁制度》(Dictatorships)(附有亚历山大·埃尔金(Alexander Elkin)编的参考文献),载 1935 年 8 月《政治》(*Politica*)杂志第四期,470—508 页;M. T. 弗洛伦茨基(M. T. Florinsky)的《世界革命与苏联》(*World Revolution and the U. S. S. R.*),1933 年纽约版;哈罗德·拉斯基(Harold J. Laski)的《国家的理论与实践》(*The State in Theory and Practice*),1935 年纽约版。

第　八　章

对人格进行深入研究的现代方法,其范围从西格蒙德·弗洛伊德(Sigmund Freud)的使研究对象沉溺于自由联想的长时间交谈开始,经过各种各样短时间的交谈,直到对一个对自己正在被调查毫无所知的研究对象的行为进行系统观察为止。近期文献的注意力集中在观察者在其相关领域内的见解上面；因此他的抽象语言要根据他的独特的考察方法来加以解释。进行深入考察的范围可以通过参阅波林·V.扬(Pauline V. Young)的简明扼要的著作《在社会工作中进行的谈话访问》(*Interviewing in Social Work*)(1935年纽约版)略知梗概。约翰·多拉德(John Dollard)曾在1935年纽黑文版《生活史的标准》(*Criteria for the Life History*)一书中试图加以列举。H. D.拉斯韦尔(H. D. Lasswell)在1930年芝加哥版的《精神病理学与政治学》(*Psychopathology and Politics*)一书的第11章及以后在维也纳的《心理分析评论》(*Psychoanalytic Review*)和《意象》(*Imago*)上所发表的文章，对使长时间的心理分析谈话客观化的各种方法进行了讨论。在1912年英国剑桥版的伯纳德·哈特(Bernard Hart)的《精神病心理学》(*Psychology of Insanity*)中可以找到对现代心理学概念的简单介绍。关于一般的精神病学，请参阅威廉·A.怀特(William A. White)的《精神病学大纲》(*Outline of Psychiatry*)，1932年华盛顿第13版。在有影响的作者中，可参考西格蒙德·弗洛伊德(Sigmund Freud)、艾尔弗雷德·阿德勒(Alfred Adler)和卡尔·荣格(Carl Jung)等人的著作。1934年伦敦版的E. B.斯特劳斯(E. B. Strauss)译的厄恩斯特·克雷奇默(Ernst Kretschmer)的《医用心理学教程》(*Textbook of Medical Psychology*)一书则强调与生物特性有关的象征性表现。通过马萨诸塞州伍斯特市克拉克大学出版社卡尔·默奇森(Carl Murchison)主编的各种手册，可以得知当代心理学各个不同领域的发展情况。关于为政治学家所特别关心的类型的或个体的研究，可参考理查德·伯伦特(Richard Behrendt)的《政治能动主义：政治社会学与政治心理学初探》(*Politischer Aktivismus, Ein Versuch zur Sociologie und Psychologie der Politik*)，1932年莱比锡版；弗里茨·屈克尔(Fritz Künkel)的《政治性格学大纲》(*Grundzüge der politischen Charakterkunde*)，1933年莱比锡版；亚历山大·赫茨伯格(Alexander Herzberg)的《哲学家心理学》(*The Psychology of Philosophers*)，1929年纽约版；L.皮尔斯·克拉克(L. Pierce Clark)的《林肯心理传记》(*Lincoln, A Psycho-Biography*)，1933年纽约版(本章中广泛引用)；H. F.戈斯内尔(H. F. Gosnell)的《黑人政治家》(*Negro Politicians*)，1935年芝加哥版；约翰·根室(John Gunther)的《欧洲内幕》(*Inside Europe*)，1936年纽约版；菲多尔·维尔金(Fedor Vergin)的《下意识中的欧洲》(*Subconscious*

Europe)，1932 年伦敦版。

第 九 章

对特定态度的分析，由于这些态度除了受物质条件的影响外也受其他态度的影响，而变得复杂起来。雅各布·瓦克纳格尔(Jacob Wackernagel)在《国家的价值》(*Der Wert des Staates*)(1934 年巴塞尔版)中对国家的心理意义进行了研究。1936 年巴黎版的社会研究所研究报告《关于权威与家庭的研究》(*Studien über Autorität und Familie*)是一部关于家庭与各种权威之间关系的深入细致的研究著作。查尔斯·E. 梅里亚姆(Charles E. Merriam)、汉斯·科恩(Hans Kohn)、卡尔顿·J. H. 海斯(Carlton J. Hayes)和罗伯托·米歇尔斯(Roberto Michels)等人，在他们的著作中从不同观点出发对民族主义、国家地位与爱国主义等问题进行了探讨。特别请参阅海因茨·O. 齐格勒(Heinz O. Ziegler)的《论现代国家：对政治社会学的一点意见》(*Die moderne Nation*；*Ein Beitrag zur politischen Soziologie*)，1931 年蒂宾根版。有关好战态度的资料，请查阅爱德华·格洛弗(Edward Glover)的《战争、施虐狂与不抵抗主义》(*War*，*Sandism and Pacifism*)，1933 年伦敦版；及罗伯特·魏尔德(Robert Waelder)的《有关集体精神病病因学及其演变的通信》(*Lettre sur l'étiologie el l'évolution des psychoses collectives*)，1933 年国际智力合作研究所版。有关现代工业厂矿中精神状态的试验资料，请参阅埃尔顿·梅奥(Elton Mayo)的《工业文明中人的问题》(*The Human Problems of an Industrial Civilization*)，1933 年纽约版。J. L. 莫雷诺(J. L. Moreno)所著《谁会幸存下来？对人类相互关系问题的一个新探讨》(*Who Shall Survive? A New Approach to the Problem of Human Interrelations*)(1934 年华盛顿版)对人与人关系中的积极与消极方面进行了观察性与质疑性的研究。鲁思·本尼迪克特(Ruth Benedict)的《文化的类型》(*Patterns of Culture*)，1934 年波士顿版讨论了对人格和文化进行心理描述的问题。有关处于不断变化中的相互关系的分析资料，请参阅 H. D. 拉斯韦尔(H. D. Lasswell)的《作为文化接触后果的集体我向思维》(Collective Autism as a Consequence of Culture Contact)，载 1935 年《社会研究》杂志第 9 期，232—247 页。加布里埃尔·阿尔蒙德(Gabriel Almond)和 H. D. 拉斯韦尔(H. D. Lasswell)合著的

《雇主们对公共救济机关工作人员的挑衅行为:一项结构性分析》(Aggressive Behavior by Clients Toward Public Relief Administrators: A Configurative Analysis)(载 1934 年美国《政治科学评论》第 28 期,643—655 页)对剥夺的过分自信的反应进行了分析。有关无产阶级社会主义某些方面的资料,请查阅《阶级斗争中的组织:工人阶级的问题》(*Die Organization im Klassenkampf. Die Probleme der Arbeiterklasse*),1932 年柏林版,特别是福里茨·比利克(Fritz Bieligk)所写的文章。有关变化中的集体观念与法律之间的关系,请查阅斯文德·雷纳夫(Sevend Ranulf)的《诸神的嫉妒与雅典刑法:对道德义愤社会学的一点意见》(*The Jealousy of the Gods and Criminal Law at Athens: A Contribution to the Sociology of Moral Indignation*),1933 至 1934 年伦敦和哥本哈根版,共 2 卷;杰罗姆·霍尔(Jerome Hall)的《偷窃、法律与社会》(*Theft, Law and Society*),1935 年波士顿版。

第　十　章

有关美国发展情况的资料有:刘易斯·科里(Lewis Corey)的《中产阶级的危机》(*The Crisis of the Middle Class*),1935 年纽约版;阿尔弗雷德·宾厄姆(Alfred Bingham)的《奋起反抗的美洲:中产阶级的暴动》(*Insurgent America: Revolt of the Middle Classes*),1935 年纽约版;劳伦斯·丹尼斯(Lawrence Dennis)的《即将到来的美国法西斯主义》(*Coming American Fascism*),1936 年纽约版;"非官方观察家"(笔名)的《美国救世主》(*American Messiahs*),1935 年纽约版;雷蒙德·格拉姆·斯温(Raymond Gram Swing)的《美国法西斯主义的先驱者》(*Forerunners of American Fascism*),1935 年纽约版;威廉·扬德尔·埃利奥特(William Yandell Elliott)的《宪法改革的必要》(*The Need for Constitutional Reform*),1935 年纽约版;特别需要参考 T. V. 史密斯(T. V. Smith)的《美国政治前景》(*The Promise of American Politics*),1936 年芝加哥版。在职能团体方面,存在大量的关于工会、劳工联合会、农业组织等的分散出版物,在政府与私人混合控制的机构方面,请参阅韦布夫妇(Sidney and Beatrice Webb)的《大英社会主义联邦宪法》(*A Constitution for the Socialist Commonwealth of Great Britain*),1920 年伦敦及纽约版;哈罗德·A. 范多伦(Harold A. Van Dorn)的《政府所有的公司》(*Gov-*

ernment Owned Corporations),1926 年纽约版;马歇尔·E. 迪莫克(Marshall E. Dimock)的《英国公用事业与国家的发展》(*British Public Utilities and National Development*),1933 年伦敦版;和《巴拿马运河区的政府经营企业》(*Government-Operated Enterprises in the Panama Canal Zone*),1934 年芝加哥版;马奎斯·蔡尔兹(Marquis Childs)的《瑞典:中间道路》(*Sweden: The Middle Way*),1936 年纽黑文版;库尔特·威登弗尔德(Kurt Wiedenfeld)的《合资经济企业的本质与意义》(Wesen und Bedeutung der gemischtwirtschaftlichen Unternehmung),载《施墨勒年鉴》第 55 卷 439—456 页(1931);朱利叶斯·兰德曼(Julius Landmann)编的《公共企业的现代组织形式》(*Moderne Organisationsformen der öffentlichen Unternehmungen*),见社会政治联合会文件 1931 年慕尼黑版第 176 卷第 2 部分;《政府所有的公司》(Government Owned Corporations),载保罗·韦宾克(Paul Web-bink)编的《社会科学百科全书》。有关公司形式的资料,请参阅詹姆斯·C. 邦布赖特(James C. Bonbright)与加德纳·C. 米恩斯(Gardiner C. Means)的《控股公司的公共意义与规则》(*The Holding Company: Its Public Significance and its Regulation*),1932 年纽约版;埃利奥特·琼斯(Eliot Jones)的《美国的托拉斯问题》(*The Trust Problem in the United States*),1921 年纽约版;罗伯特·利夫曼(Robert Liefmann)的《企业的类型》(*Die Unterneh-mungsformen*),1930 年斯图加特第 4 版。

图书在版编目(CIP)数据

政治学:谁得到什么?何时和如何得到?/(美)哈罗德·D.拉斯韦尔著;杨昌裕译.—北京:商务印书馆,2017
(汉译世界学术名著丛书:120年纪念版:珍藏本)
ISBN 978-7-100-14372-1

Ⅰ.①政… Ⅱ.①哈… ②杨… Ⅲ.①政治学
Ⅳ.①D0

中国版本图书馆CIP数据核字(2017)第151992号

汉译世界学术名著丛书
(120年纪念版·珍藏本)
政 治 学
谁得到什么?何时和如何得到?
〔美〕哈罗德·D.拉斯韦尔 著
杨昌裕 译

商 务 印 书 馆 出 版
(北京王府井大街36号 邮政编码100710)
商 务 印 书 馆 发 行
北京市十月印刷有限公司印刷
ISBN 978-7-100-14372-1

2017年12月第1版 开本710×1000 1/16
2017年12月北京第1次印刷 印张11¾
定价:60.00元